ちくま学芸文庫

カロルス大帝伝

エインハルドゥス　ノトケルス
國原吉之助 訳・註

筑摩書房

MEAE OPTIMAE MATRI

tertium et octogesimum annum agenti

目次

凡例

一　各章の題目や内容目次は原典にはなく、訳者が設けたものである。

二　地名・人名は中世ラテン語の表記に従う。ただし母音の長短や二重子音の表記は無視した。両著で表記が異なる場合、巻末の索引に並記した。もっとも地名の相違は甚しいので、省略した場合もある。因みにGrässe, Benedict, Plechl: *Orbs Latinus* (*Lexicon lateinischer geographischer Namen des Mittelalters und der Neuzeit*) 3 Bde, Klinkhardt & Biermann, 1971⁴ をひもとくと、「マインツ」(II. 574) にMogountiacum, Mogancia Magantia etc. と四十数例の表記が載っている。

三　「附録」の年表と系図は、両書を読む上での参考にと考えたので、十全を期したわけではない。

四　「注」は、本文を理解する上に必要と考えられた箇所に補足説明をしただけで、著者の歴史上の間違いや時代錯誤を注意し、訂正するつもりはなかった。それらについてはHalphen, Thorpe, Haefeleの注に詳しい。

五　単位

一ホーバー＝約三〇エーカー（耕地面積）

一ディギトゥス＝一六分の一ペース＝約一・八センチメートル
一ペース＝約三〇センチメートル
一クピドゥス＝約五〇センチメートル
一マイル＝約一五〇〇メートル
一ソリドゥス（金貨）＝一二デナリウス（銀貨）
一リブラ＝銀三二七グラム＝二〇ソリドゥス
一タレントゥム（ギリシア風の呼び名）＝一リブラ

六　注やその他で用いた旧・新約聖書の各書名の略字は慣例に従う。

七　エインハルドゥス（アインハルト）とノトケルス（ノトカー）の両伝記を訳出するにあたって使用し参考にした原典、注訳書は、以下の通りである。

底本としたのは、前者の場合 Holder-Egger で、Halphen との相違は注記した。（因みに Rau の原典は Holder-Egger である。）後者の場合、Haefele で、Thorpe（の原典は P. Jaffé, *Monachus Sangallensis de Carolo Magno*, Bibliotheca Rerum Germanicarum IV, 1964[2]）との相違は注記した。

Einhardi Vita Karoli Magni, post G. H. Perz recensuit G. Waitz. editio sexta. Curavit O. Holder-Egger (Scriptores Rerum Germanicarum in usum scholarum ex Monumentis Germaniae Historicis separatim editi) 1947, Hannoverae et Lipsiae.

Éginhard, Vie de Charlemagne, éditée et traduit par L. Halphen, (Les classiques de l'histoire de France au moyen age) troisième édition, 1947, Paris.

Einhard. Das Leben Karls des Großen, (Quellen zur Karolingischen Reichsgeschichte, Erster Teil) Unter Benützung der Übersetzungen von O. Abel und J. v. Jasmund, neubearbeitet von R. Rau, Berlin.

Einhard and Notker the Stammerer, Two Lives of Charlemagne, translated with an introduction by L. Thorpe (Penguin Classics) 1981[2].

Notkeri Balbuli Gesta Karoli Magni Imperatoris, herausgegeben von H. F. Haefele. (Scriptores Rerum Germanicarum, nova series, tomus XII) Berlin, 1962[2].

エインハルドゥス

『カロルス大帝伝』

目　次

第四部　カロルス大帝の晩年と死

著者の序文

私の主君にして育ての恩人であるカロルス、世界に冠絶して正当にも雷名とどろく、この王の生涯と日常の暮らしについて、そして少なからざる部分を彼の業績について書こうと私は思いたち、次の点を考慮しながら、これをできるだけ簡潔に書き下したものである。つまり、私が知ることのできたものは一切無視しないかわりに、新しいことはなんでも嫌悪するひと達を長談義によって怒らせないことにしよう。

もっとも、造詣《ぞうけい》の深い学者が流麗な文章で完成した古い時代の歴史物語に退屈するひとに、新しい出来事を書いて反感を与えないということは、ともかく可能である。だが思うに、閑暇や学問に身を捧げているひとのなかにも、現在起こっている事件をみな記録にとどめる価値もないかのように沈黙と忘却の淵に投じてしまうほど、無視してよいと考えるひとは少ないのではあるまいか。また永劫不滅への愛に魅せられているひとであれば、他人の輝かしい業績を何ら記《しる》すことなく、そのひとの名声を後世の記憶からこっそり除くより、どんな様式の書き物にせよ、記録にとどめたいと望むひとの多いことも信じて疑わない。

ともかく私は、このような記述から身を引くべきだとは考えなかった。何故なら、私自身が関係し、現に居合せ、いわばこの目で見て知った所のものを、そして他のひとに果たして書けるかどうかしかと保証できないような事実を、何人も私より正確には書けないことを確信しているのだから。最も偉《すぐ》れた王の、そしてその時代の最高の人間の輝かしい生涯を、そして現在のひとにとても真似のできない立派な行為を忘却の闇の中に葬《ほうむ》ることに耐えるより、[1]他人とのいわば共有財産とも言うべきこの話を、文字に託し後世の記憶に伝えた方が、いっそう正しいと判断した。

思うに、これには他にもっともな理由があったのである。それだけでも、私にこれを書くことを強いるに充分であった。それは、王が私を大変な犠牲を払って育ててくれたこと、そして王の館に住み始めて以来変わらぬ恩情を、王とその息子が抱いてくれたことである。この恩情によって王はしっかりと私を彼に縛りつけたので、彼の死後にも、生前と同様に私に負目をおわせている。もし私がこれほど広大な王の恩義を忘れ、最高の感謝を捧げるべき王の輝かしい名誉ある業績を緘黙《かんもく》して見過すならば、また、かつて何人も生きたことがなかったような王の生涯を記録もせず、当然捧げられるべき賞讃も与えず放っておくならば、私は忘恩の徒と思えるし、またそう判断されても止むを得ないであろう。

しかし彼の生涯を書き記し説き明すことは、脆弱《ぜいじやく》で乏しい、いやほとんど無きにも等しい私の才能の叶うところではない。キケロの如き豊かな才能を、酷使させるにふさわしい仕事である。ともかく、ここに最も偉大にして輝かしい人物の記録を収めた本を提供する。この本の中で、諸君の驚かれるのは、彼の業績以外に何もないはずである。もっとも、私がローマ風の表現にほとんど通じていない野蛮人でありながら、ラテン語で何かを上品に正しく書けるとうぬぼれていると言って、あるいはキケロのあの言葉を無視してよいと考えるほど傲慢不遜の中に迷い込んでいると言って、諸君が驚かれるならば話は別である。『トゥスクルム論叢』の第一巻[2]で、キケロはラテン作家を論じながら、こう言っている。「誰にせよ、自分の考えを整え展開させる才能もなく、何らかの楽しみでもって、読者を魅する力もなくて、自分の考えを文字に託すということは、閑暇と文学を過度に乱用する人のやることである」と。

じっさいのところ、もしこのキケロの言葉を読む以前からすでに次のような考えを抱いていなかったら、私はこの有名な雄弁家の意見に従って、書くことを断念していたろう。つまりわが身をいたわって、この偉大な人間の記録を見過すよりも、これを書くことによって私の貧相な才能をためし、世間の判断を仰ぐ方がよい、と。

第一部　カロリンギ朝の起り

一　メロウィンギ朝　フランキ族は、自分らの王を古くより、メロウィンギ氏より択ぶならわしであった。この王朝は、ヒルドリクス王まで続いたと考えられる。というのもこの王は、ローマの教皇ステファヌス(3)の命令で廃され、剃髪《ていはつ》して修道院に押し込まれたからである。表面でこそこの氏は彼で絶えたと思われるが、実質上すでにずっと以前から何ら権力を所有していなかった。そしてそれ自体の中に、王という虚名以外に、輝かしいものは何も持っていなかった。というのも、マイヨル・ドムース(4)(major domus)と称せられる宮宰《きゅうさい》が最高の命令権を握っていて、王国の財産も権力も、この掌中に入っていたからである。王は、ただこう振舞う以外にどうすることもできなかった。つまり王はその名称だけで満足し、髪をのばし髯《ひげ》をたらし、玉座に居坐って支配者らしくよそおい、どの国からであろうと訪れた使節に謁見し、帰って行くときは、あたかも自己の権限からそうしているかのように、じっさいは言い含められた、いや命じられた返答すら、与えていたにすぎない。そして何の効力も持たぬ王という名称と、宮宰から適当とみとめられ、お情けで頂戴していた生活費を除くと、ほんのわずかの収入がある荘園《ウィラ》以外、個人財産は何も所有していなかった。

その荘園内に自分の屋敷をかまえ、そこから自分のために日常の必需品を賄ってくれて、服従心を示すわずかの召使を持っていた。用で外出するときは、どこへでも幌《ほろ》付き二輪車で出向いていた。二輪車は牛につながれ、田舎風に牛追いに曳かれていた。このような恰好で宮殿に出かけ、このような恰好で年に一度国家の安寧のため催される国民の会合に出席し、こんな格好で家に帰ってくるのが常であった。王国の管理や内政外交の両面で処理し計画するものはすべて、宮宰が采配を振るっていたのである。

二　カロルスの先祖

この宮宰の職を、ヒルドリクス王が追放されたとき、カロルスの父ピピヌスが、あたかも世襲職の如くつとめていた。このピピヌス（小）の父カロ[5]ルスは、フランキア全王国の支配を要求する僭主を粉砕し、ガリアを占領しようとしたサラセン人を二度の激戦で、つまり一度はアクイタニア地方のピクタウィウムの町において、二度目はナルボナの近くのビラ川において打ち破りヒスパニアに退却を余儀なくさせ、こうしてこのカロルスは、父ピピヌス（大）から承け継いだ宮宰という職務を立派に務めた。この名誉な職は、血統の輝かしさと財産の大きさによって他を凌駕している人にしか、国民が与えない習慣だった。
カロルスの父ピピヌスは、祖父と父とから自分と弟カルロマンヌスに残されたこの職を、弟といっしょにたいそう睦《むつま》じく分け合い、あたかも上記の王の下に服しているかのように保持して幾年か経ったとき、弟カルロマンヌスは、いかなる原因か不明であるが、たぶん修道院の瞑想的な生活への愛にのぼせたものと思えるが、ともかくこの地上の王国のわずらわしい管理を放棄してローマへ赴き閑暇に身を投じた。そこでは生活習慣を変え、修道士となって、聖シルウェステル教会に近いソラクテ山に修道院を建て、ここにやってきた兄弟の修道士と共に、あこがれた静寂を享受した。こうして数年もたった頃、フランキアから多くの貴族が誓願を果たしに敬虔《けいけん》な旅をしてローマにやってきては、カルロマンヌスを、かつての主君として無視することを欲せず、しきりと挨拶にきたので、彼が最も楽しんでいた閑雅を中断されるようになり、とうとう場所を変えざるを得なくなった。つまり、こう頻繁に訪問されては彼の目的が妨げられると考えたので、この山を捨て、サムニウム地方《プロウィンキア》はカシノ村の聖ベネディクトゥス修道院に隠れ、そこで地上の余生を敬虔な日常生活のうちに終えたのである。

三 カロルスの即位 一方、ピピヌスはローマ教皇の権威によって、宮宰から王にたてられる。そして十五年以上も、フランキア王国を唯一人で統治した。その間、アクイタニア戦争を終結させた。これはアクイタニアの大公ヴァイファリウスに対してピピヌスがしかけた戦争で、九年間も続いた。彼は水腫症にかかってパリシイでこの世を去る。後に二人の子、カロルスとカロロマンヌスを残した。

二人は神の承認を得て、王国の継承権を手に入れていた。フランキア国民は、慣例に従って総会を開き兄弟二人を彼らの王としたが、王国全体を二人が平等に分割するという条件を、つまりカロルスは兄弟の父ピピヌスが保有していた部分を、カロロマンヌスは兄弟の叔父カルロマンヌスが統治していた部分を受け取って支配する、という条件をつけていた。二人ともこの条件を入れ、各自自己に提示された領域通り、王国を二分して受け取る。

非常な困難を伴っていたけれど、ともかく二人の調和は続いた。というのも、カルロマンヌスの側から二人の仲を裂こうとする企《たくら》みが多かった。ついには、兄弟の鬩《せめ》ぎ合いを画策する者すら現われたほどである。けれどもこの点に関しては、危険が現実にあったというよりも疑心暗鬼の方が強かったことを、この事件の結果が証明している。というのも、カルロマンヌスが死ぬと彼の妻と息子らは、彼の後押しをしていた貴族の中の指導者らとイタリアに逃亡した。そして他にいかなる理由も存在しないのに、ただ夫の兄を蔑《ないがしろ》にせんがため、ランゴバルディ族の王デシデリウスの保護の下に、自分と子供を託したのである。

カルロマンヌスは、兄と共同して二年間王国を管理した後、病没した。一方、兄のカロルスは弟の死後、フランキア全国民の賛成を得て王に選ばれる。

第二部　カロルス大帝の外征と内政

四　本書の計画　カロルスの生誕や幼年の頃あるいは少年時代についてすら、これまで記述を通じて公表されたことはないし、カロルスのその当時を知っていると自称するひとも、今では一人も生存していないので、これらについて書くことは適当でないと考える。それで、その後の彼の生涯や、彼の行為や生活態度に話を進め展開して行くことにする。ただし国の内外における業績をまず述べ、ついで彼の生活様式や嗜好を、ついで王国の管理行政、彼の最期を述べるつもりである。不明の点は省略するが、知る価値のある、ないしその必要があるものについては何一つ見逃さないようにしたい。

五　アクイタニア戦　彼がなしとげたすべての戦争のうちで最初のは、父の代に始まってまだ終わっていなかったアクイタニア戦争である。そのときはまだ弟が生きていて、弟に援軍を提供するよう要請し、早く片づけようと思ったのである。弟は援助を約束しながら、兄を欺いてしまった。けれども王は遠征を企て、非常に機敏にかつ大胆に敵を追撃し、やりとげようと志したものは執念深く辛抱強く求めて、目的を果たし終えるまでは始めたことを中途で断念したり、いったん引き受けた労苦から身を引いたりすることを欲しなかった。つまりヴァイファリウスの死後フノルドゥスがアクイタニアの占領を企み、今やほとんど終わっていた戦争を再びやらかそうと試みたが、王は彼にアクイタニアを放棄させ、ヴァスコニアへの逃亡を余儀なくさせた。しかし王は、彼がそこに住むことにも我慢できなかった。ガロンナ川を越えて、ヴァスコネス族の大公ルプスに使節を送って、こう告げた。「逃亡者を返せ。もし早く返さないと、予は戦争にうったえても、彼を求めるであろう」と。ルプスはもっと穏健な手段《てだて》を講じて、フノルドゥスを返したばかりか、自分が統治していた領土とともに、自分自身をカロルス王の権力にゆだねたのである。

六　ランゴバルディア戦　アクイタニアの状勢が落着き、戦争も終わり、そして王国の共同統治者もこの人間の世界から去っていたので、今度はローマの教皇ハドリアヌスの懇請と祈願に心を動かされて、ランゴバルディ族に対する戦争を引き受けた。この戦いは、以前にもカロルスの父王が教皇ステファヌスの要請に応じて引き受け、大変苦労したことがあった。というのも、王がいつも相談していたフランキアの貴族たちが何人も王の意向に烈しくたてつき、ついに「われわれは王を捨てて、故国に帰る」とあたりはばからず広言したほどである。だがこの時は、ランゴバルディアのハイストゥルフス王に対して戦争を挑み、非常に早くけりがついた。

カロルスと彼の父の場合を比較すると、戦争を引き受ける際の根本的な理由というのは似ていた、というよりむしろまったく同じであったようだが、戦争中の労苦の点でも終戦後の処理の点でも、ほとんど似ていなかったことは誰もが認めるであろう。つまりピピヌスはティケヌムにおいて、わずか数日間包囲しただけでハイストゥルフス王に人質を渡させ、ローマ人から奪った町や城砦を返却させ、「返したものは、再び求めない」との意志を誓約によってはっきりと示させた。

ところがカロルス王の方は、デシデリウス王を長期の包囲戦で疲労困憊《こんぱい》させ、降伏者として受けとるまでは、自分から仕かけた戦争を放棄しなかったのである。こうして、その王国全体の期待がかけられているように見えたデシデリウスの息子アダルギススを、その王国からばかりでなく、イタリアからも立ち退くように強制した。ローマ人から奪っていたものはすべて返却させ、フォルム・ユリイの領主フルオドガウスス公が変革を企てていたので、これも粉砕し、全イタリアを自己の支配下に収めると、征服したイタリアの王に自分の息子ピピヌスを据えた。

カロルスがイタリアに侵入するとき、アルプス越えでどんなに困難をきわめたか、フランキ族がいかなる苦心を払って道なき山頂や天に聳《そび》える絶壁や尖った危険な岩壁を越えたか、その状況をここで話してみたい所である。でもこの著作では、彼の行った戦争の経緯よりも彼の生涯のあり方を伝えようと念願していたので、断念せざるを得ない。

ともかくこの戦争は、イタリアの征服、デシデリウス王の流謫《るたく》地への終身追放、彼の息子アダルギススのイタリア追放、ランゴバルディアの歴代の諸王からとりあげられていた財宝をローマ教会の指導者ハドリアヌスに返却することをもって、終わったのである。

七　サクソニア戦　この戦争が終わると、一時中断していたかのように見えたサクソニア戦争が、再び求められた。フランキア国民にとって、これほど長く続き、猛烈をきわめ困難の多かった戦争はない。というのもサクソニア人は、ゲルマニアに住むほとんどすべての民族と同様に、生まれつき獰猛《どうもう》で、悪魔の崇拝に身を捧げ、われわれの宗教に反感を抱き、神と人間の法を汚しても蹂躙《ふみにじ》っても不名誉とは思っていなかった。

もちろん、これには直接的な原因もあった、それが毎日平和をかきみだしていたのである。つまりわれわれと彼らの国境が、わずかな部分を除くと、ほとんどどこにあっても平野で接していたということである。そのわずかの部分では、大森林か山脈の尾根が間にあって、どちらの領土も、この明確な境界線で仕切られていた。それに反して平野部の国境では殺戮、掠奪、放火が絶え間なく起こっていた。これにフランキ族は大そう苛立ち、とうとう単なる復讐ではなく、彼らに対して公然と戦いを宣告する価値があると判断するに至った。

こうしてサクソニア人との戦争が始まった。双方とも烈しい敵愾心《てきがいしん》を燃やし、しかしフランキア側よりサクソニア側に損害が大きく、三十三年間も続いて戦われた。もしサクソニア人の裏切りがそれまでにもはっきりとわかっていたら、もっと早く終わっていたろう。じっさい彼らは何度敗北し、懇願し、王の前に身を投げたことか。彼らは何度、命じられたことを果たすと約束し、命じられた人質をためらうことなく提供し、こちらの送った使節を受けとったことか、これを言うのはむずかしい。

たしかに幾度かは、「悪魔の信仰を捨て、キリスト教に心を捧げんと欲す」と約束したほど、われわれに親しみ、気を和《やわら》げた。しかし、こうした約束を実行する気に何度もなったように、そのようにいつも突然その約束をくつがえしたので、いったい彼らは二つの方向のうちどちらへよりたやすく傾くのか、正確に言おうとしても、その判断に苦しむほどだった。じっさい、彼らと戦争を始めてからというものは、こうした態度の急変が彼らによってとられなかった年は、一年《ひととせ》もなかったのである。

しかし王の高潔な魂と、順境にも逆境にも常に変わらぬ堅固な志操は、彼らの気変りにも屈服することなく、彼が始めていた戦争で疲弊《ひへい》することもなかった。じじつカロルス王は、敵がこうした変節を幾らかでも犯そうものなら、これを罰しないではおかなかった。自から指揮するか伯に指揮させるかして軍隊を送り、裏切りに復讐し、そして彼らに似合った罰を要求し、抵抗を常習としていたすべてのものを征服し、王の権力の下に屈服させたのである。そしてアルビス川の両岸に住んでいた敵のうち一万人を妻や子供と共に移し、さまざまの人数に区分けして、ガリアとゲルマニアのあちこちに配って住ませた。

王が提案した次のような条件を彼らがのんだので、長年続いた戦争がこれで終わったと考えてよいだろう。つまり悪魔の信仰を捨て、父祖伝来の宗儀を放棄し、キリスト教の信仰とその秘蹟を受けとり、フランキア王国に統合されて、彼らとともに同じ国民となるべきである。

八　つづき　この戦争は、たしかに長い間続いたのであるが、カロルス王自身が戦場で敵と戦ったのは、わずかに二度しかなかった。一度はテオトメリと呼ばれる地方のオスネギという山の傍《そば》で、二度目はハサ川でその間わずかの日数をおき、一カ月戦った。この二つの戦闘で敵は徹底的に打ちのめされ圧倒されて、それ以後陣地をなんらかの城壁で守って防ぐ以外に、もう王に戦いを挑んだり、攻めてきた王にはむかったりする勇気を失ってしまった。しかしこの戦争では、フランキアの貴族も、サクソニアの貴族と同様に、大勢が、そして最高の官職に就いた人も戦死した。

三十三年目にやっと終わった。その間に各地方のさまざまの場所で、フランキ人に対して非常にたくさんのしかも大きな戦争が起こり、王の賢明な思慮で処理されたので、王の中の労苦に対する忍耐力と幸運のどちらに驚嘆するのが、より適《ふさ》わしいか、この点を正しく見きわめようとする人は、疑問に思うことであろう。じっさい、このサクソニア戦争は、イタリア戦争の二年前に始まって以後間断なく続いていたのに、他の場所で遂行せねばならなかった戦争を放棄したことは一度もなく、あるいはどこかで行われている同じように困難な戦争を一時休止させたこともなかったのである。

たしかにカロルス王は、彼と同じ時代に民族を支配していたすべての王の中で、最も思慮深く、魂の偉大さで最も卓越していた。(6)彼が受けて立たねばならなかった、あるいは遂行せねばならなかった戦争において、困難からしりごみしたり、危険におびえたりしたことは一度もなかった。それどころか、どの一つの戦争にも、それぞれの状況に応じて耐え忍びやりとげる術を心得ていて、逆境に屈したことも、順境にあって幸運の女神の偽《にせ》の媚態に同意したことも、たえてなかった。

九 ヒスパニア遠征 というのも、とぎれなくほとんど継続していたサクソニア戦争の最中にも、王は国境の適当な場所に前衛陣地を設け、できるだけ充分な戦闘準備をしながら、ヒスパニアへ進んだ。ピュレネ山脈を越え、行手の町や村を攻めてすべて降伏させ、軍隊は元気で負傷もせず帰国した。もっとも帰ってくる時、ピュレネ山脈の尾根で、しばらくの間ヴァスコネス族の謀叛にあうという事件(7)がおこった。地勢上、道が狭いため長い縦隊をつくって軍隊が行進していたとき、ヴァスコネス族が山の天辺《てっぺん》に待伏せしていて、──そのあたりは特に樹木がよく繁っていて、伏兵をおくのに適していたのだ──輜重隊《しちょうたい》の最後尾と本隊の最後尾にあって、先に進むものらを守りながら進んでいた後衛隊を目がけて、上から躍《おど》りかかり、下の谷底につき落とした。そして後衛隊と戦闘を交え、一人残らず殲滅し、輜重を奪い、もう夜もせまっていたので、闇《くらがり》に乗じ蒼皇として四方へ散ってしまった。

この事件でヴァスコネス族を有利にさせたのは、彼らの軽い武装と、戦闘が行われた場所の地理的状況であり、それに反して、すべての点でフランキ族をヴァスコネス族より劣勢たらしめたものは、重装備と不利な場所であった。この戦闘で、宮廷料理長エギハルドゥスと宮中伯アンスヘルムスと、ブリタニア辺境伯フルオドランドゥス(8)が、大勢の兵士とともに戦死した。この裏切り行為の復讐は、さしあたって不可能であった。というのも敵は目的を果たしてしまうと、いったいどこに彼らを探し求められるか、その手がかりすら残さないようにすっかり消散してしまったからである。

一〇 ブリタニアとベネウェントゥムとの戦争 さらにブリトネス族をも征服した。彼らは、ガリアの西方の一番端《はし》の部分に大西洋の岸に沿って住み、われわれの言うことを聞かなかった。王は彼らに対して遠征隊を送り、これで威圧し、人質を提供し、命じられたことを果たすと約束させた。

カロルスは、その後で軍勢を率いてイタリアに入り、ローマを通ってカンパニアのカプア市に入城した。そしてそこに陣営を敷き、ベネウェントゥムの領民に降伏しなければ戦争をしかけると脅した。

ベネウェントゥムの大公アラギススは戦争をさけた。彼の二人の息子ルモルドゥスとグリモルドゥスを、大金とともに王の所へ送ってよこし、こう訴えた。「息子らを人質として受けとって貰いたい。予は、予の領民とともに、王の命令を実行することを約束する。ただし、予が大王に会うため参上するように強制されることだけは、容赦されたい」

カロルス王は、大公の頑《かたくな》な心よりも、その領民全体の利益を考慮して、自分に捧げられた人質を受け入れ、莫大な贈物のため大公に寛大な態度をとって、会見に来ることは強いないことにした。年下の息子を人質としてとどめて、年上の息子は父親の所へ送り返した。ベネウェントゥム公領から忠誠の誓いを要求して受けとるためアラギススの所へ使節を送ると、カロルスはローマにひき返し、そこで数日間を費やして聖なる場所を礼拝し、ガリアに帰国した。

一一　バイオアリア戦　次いでバイオアリア戦役が突発し、またたくまに終わってしまう。この戦いは、その部族の大公タシロの傲慢と愚劣が引き起こしたものであった。彼は自分の妻にそそのかされ、というのも彼女はデシデリウス王の娘であったから、父の追放の恨みを夫によって晴らそうと考えたので、バイオアリアの東方隣りのフニ族と同盟条約を結ぶ。そして王の命令を実行せず、のみならず王に挑戦を試みた。この侮辱的な行為は度を越えてうつったので、誇り高き王には我慢できなかった。

すぐと各地から軍勢を集めると、みずから大軍を指揮してバイオアリアを目指し、バイオアリアとアラマンニアの境界を形成するレクス川の所までやってきた。そしてその川岸に陣営を敷き、辺境バイオアリアに侵入する前に使節を通じて、大公の気持を窺《うかが》うことにした。しかし大公は、頑固な態度をとることは、自分のためにも部族のためにも無益だと考え直し、嘆願者となってカロルス王に一身をゆだねた。命じられた人質をさし出し、そのなかには自分の息子テオドまでも含めていた。その上に誓約して、「カロルス王の権力に反旗を翻せと誰が説得しようとも、断じて応じない」と約束した。

こうして、たいそう困難になると思われた戦争が非常に早く終結したのである。タシロ大公はあとで王の所へ呼ばれたまま、帰国を許されなかった。彼の保有していた領地は、それ以後大公にではなく伯に委託されて、統治されたのである。

一二　スクラウィ族との戦争

以上の動乱がこのように落着くと、スクラウィ族――これをわれわれはヴィルジ族と呼び習わし、本来は、つまり彼ら自身の呼び名ではヴェラタビ族と言う――に対して戦争がしかけられた。この戦争には、王の軍旗に忠実に従っていた他の民族にまじってサクソニア人も、援軍のような顔をして戦った、もちろん、不忠実なごまかしの服従心からであったが。

この戦争の原因というのは、かつてフランキアの同盟国であったアボドリティ族を、スクラウィ族がたえず攻撃し挑発し、命令だけでこれを制止できなかったからである。

湾[9]のような大海が大西洋から東に向かってのびている。長さは不明であるが、幅は多くの地点で百マイルより狭まっているように見えるが、それを越えることは決してない。この湾をとりめぐって多くの部族が住んでいる。われわれがノルドマンニ人と呼ぶダニ人やスエオネス人は、北方海岸と、湾の中のすべての島を占めている。一方、南海岸にはスクラウィ人とアイスティ人、その他さまざまの民族が住み、その中で最も際立っていて、今度王に戦いを持ち込んだのがヴェラタビ族である。この部族を、王は唯一度自ら陣頭指揮した遠征で、すっかり粉砕し制圧したので、それ以後彼らは王の命令に絶対服従せねばならぬと観念したほどである。

一三　フニ族との戦争　カロルス王が行ったすべての戦争のうち、最も規模の大きかったのは、サクソニア人との戦いを除くと、これに続いて起こった戦争、つまりアウァレス族、またの名はフニ族に対する戦争であった。王はこの戦争を遂行するにあたって、他のどの戦争よりも敵愾心《てきがいしん》をもやし、遥かに長い準備をかけていた。しかし彼自身は、この民族が当時住んでいた辺境パンノニアには、唯一度しか遠征しなかった。他の遠征は、自分の息子ピピヌスや辺境の総督、ときには伯や代理[10]にすら一任した。この者らによって戦争は勇猛果敢に遂行されたが、八年目にやっと終わったのである。

この戦争で、どれだけ多くの戦闘が行われ、どれだけ多量の血が流れたかは、パンノニアからすべての住民がいなくなった事実によって、そしてカガヌス[11]（フニ族の首長）の宮殿のあった所が、そこに人の住んでいた痕跡すら見られなくなったほど荒れ果ててしまったことで証明される。

この戦争でフニ族の貴族はことごとく死に絶え、あらゆる光栄も地におちた。長い間に蓄積されたすべての貨幣と財宝が奪われた。フランキ族に挑まれた戦いで、この時ほどフランキ族が金持となり財産をふやした戦いは、記憶にある限り思い出せない。(12)じっさいその時まで彼らはほとんど貧民も同然と思われていたのに、あれほどたくさんの金と銀が宮殿の中に発見され、あれほど高価な分捕品が戦争でもたらされたので、フニ族が以前他の部族から不正に奪い取っていたものを、フランキ族が正当に奪い返したと言っても、決して間違いではあるまい。

フランキ族の貴族はわずかに二人が、この戦争で死んだ。フォルム・ユリイの大公エリクスは、リブルニアの海岸の町タルサティカの近くで、その町人の穽《わな》にかかって命を奪われた。そしてバイオアリアの総督ゲロルドゥスはパンノニアでフニ族と戦おうとして戦列を敷き、わずか二人のお伴をつれて馬に乗り、一人一人の兵を励ましていた最中、誰かの手で殺された。以上の点を除くと、フランキ族にとってほとんど血を流さぬ戦争であった。そして大きな戦闘で長びいたとはいえ、非常に幸運な戦果がもたらされた。

このあとでサクソニア人との戦いも終わり、その長期戦にふさわしい戦果を挙げた。

これらの後で起こったボエマニ族やリノネス族との戦いは長く続かなかった。あとの二つは、息子のカロルスが指揮して、すみやかに終結させたのである。

一四　ダニ族との戦争　最後の戦争は、ダニ族と呼ばれるノルドマンニ人に対して行われた。彼らは初めの頃は海賊を働き、ついで大きな艦隊を組織してガリアやゲルマニアの海岸を荒らした。その王ゴドフリドゥスは、自分にゲルマニア全土の大権が許されるべきだと思うほど、空虚な野望でふくれ上がっていた。フリシアもサクソニアも、自分の属州としか考えていなかった。すでに隣り部族のアボドリティ族を自己の支配権の下に服従させ、自分の朝貢国としていた。さらに、「もう少ししたら、王宮のあるアクアスグラニに、大軍を率いて到着するであろう」と豪語していた。

これらがたとい駄法螺《だぼら》であったとしても、彼の言葉をまったく一笑に附してしまうことはできなかったろう。いやむしろ、もし彼が早く死んで意志を中断されていなかったら、これらのあるものは、彼の言う通りになっていたかも知れないのだ。彼は自分の侍従兵に暗殺された。そのため、彼の生涯の終わりと彼の始めていた戦争の終結が、早くきたのである。

一五　広大な征服地　以上が、最強の王カロルスが最高の思慮と幸運とで、四十七年間にわたって――つまりこれほど長年月彼は君臨していた――世界の各地で行った戦争である。これによってフランキア王国を大いに拡げ、父ピピヌスからかつて承けついだ王国に——それ自体すでに強大であったが——そのほぼ二倍の領土を加えたのである。というのも、以前はレヌス川とリゲリス川と大海とバレアレス海に挟まれたガリアの部分と、通称東方フランキ人の住んでいるゲルマニアの部分、つまりサクソニアとダヌビウス川とレヌス川と、そしてトゥリンギ人とソラビ人の境界サラ川に取り巻かれた部分、これにアラマンニアとバイオアリアとがフランキア王国の大権に属していた。

カロルスは上記の戦争を通じて、まずアクイタニアとヴァスコニアを征服し、全ピュレネ山脈の尾根と、そしてヒベルス川——これは、その源をナヴァリ族の領地に発し、最も肥沃なヒスパニアの部分を貫通し、デルトサの町の城壁の下を流れてバレアレス海に注ぐ——までの土地を征服した。ついで、アウグスタ・プラエトリアから下部カラブリア地方——ここで東ローマ帝国とベネウェントゥム公国が隣り合っている——まで、全長千マイル以上にも及ぶイタリア全土を、それから、ゲルマニアの一部でしかもその少なからざる部分を占め、フランキ族の住む部分の幅は二倍、長さはほぼ等しいと思われるサクソニアを制した。この後に征服した両[13]パンノニアと、ダヌビウス川の向岸に接するダキアの一部と、そしてヒストリアもリブルニアもダルマティ

ア も、海岸の町を除くとみな、コンスタンティノポリスの皇帝との友情のため、かつ彼と結んだ同盟条約のため彼の所有を許したのである。

ついでレヌス川とウィスラ川と大海とダヌビウス川の間に住み、言語はほぼ似ているが、習慣や生活様式ははなはだ違う野蛮で狂暴なゲルマニアの民族をみな完全に征服し、これらを朝貢国とした。

このうちで、概して強力なのはヴェラタビ族、ソラビ族、アボドリティ族、ボエマニ族の諸族で、じじつ彼らとは戦いを交えたのであるが、その他の部族は前者に比すと数は遥かに多かったが、投降してきたものである。

一六 外交関係 王は、幾つかの王や民族から友情を求められて、王国の栄光をさらに高めた。たとえば、ガレキアとアストゥリカの王ハデフォンススは、カロルスの許へ書翰や使節を送るとき、自分を王の「臣下」としか呼んでくれるなと求めたほど、カロルスと深い友情で結ばれた。スコティ人の王らも、気前のいい贈物によってカロルスの意志に従わされ、とうとうカロルスを主君と以外には決して呼ばず、自分たちは彼の臣下であり奴隷である、と宣言したほどである。彼らがカロルスにあてて送った手紙が今も残っていて、これらにより彼らが王に抱いていたこのような敬愛の念が証明される。(14)

インドを除いて、東方のほとんどすべてを領有していたペルシアの王アーロンも、カロルスと友情にみちた協調関係を保ち、全地球上のすべての王や元首の友誼よりもカロルスの好意を優先させ、カロルスだけが名誉と贈物で敬意を払うに価する人物と見なしたほどである。そういうわけで、王が奉納物をもたせて、われらの主にして救済者たるキリストの聖墓と復活の場所へ使節を送ったとき、使節がペルシア王の所へ行き自分らの主君の意向を伝えると、王は要求を受諾したばかりか、贖罪の行われたあの聖地をカロルスの権限の下におくことにも同意した。そして使節が帰国するとき、王はこれに自分の使節を加え、着物や香料《アロマ》やその他の東方の財宝とともに巨大な贈物を、カロルス王にことづけた。巨大な贈物というのは、数年前その時彼が唯一頭しか持っていなかった象をカロルスが所望したので、今度送ったものである。

コンスタンティノポリスの諸皇帝、ニキフォルス、ミカヘル、レオですら、彼らの方からカロルスの友情と交際を求め、多くの使節を送ってよこした。だがカロルスが「皇帝」の称号を受けとったため、そしてこのため彼ら(15)は、カロルスが自分たちから皇帝権を奪うつもりではないかと強く疑ったので、両者の間にいかなる衝突の機会も起こらないように、固い同盟条約を結んだのである。じっさいローマ人とギリシア人は、いつもフランキ人の実力に猜疑心を抱いていた。そこから次のようなギリシア語

の諺《ことわざ》が生まれたのである。*ΤΟΝ ΦΡΑΝΚΟΝ ΦΙΛΟΝ ΕΧΙΣ, ΓΙΤΟΝΑ ΟΥΚ ΕΧΙΣ.*(16)
(フランキ人を友としても、隣人にはしないこと)

一七　内政　彼は、王国の拡大と他民族の征服にかけて、このように偉大であり、こうした面にたえず心を向けていたのであるが、王国を飾り幸福にする点でも多くの事業に各地で着手し、いくつかは完成した。そのうち正当にも一番重要と思えるのは、驚くべき技巧をこらして建てられたアクアスグラニの聖母の大聖堂と、モゴンティアクムでレヌス川にかかる半マイルの長さ――つまりそこでこの川幅は、これだけの長さがあった――の大橋である。しかしこの橋は、王が死ぬ一年前に火災にあって燃え尽き、そして王が早く死んだため建て直す暇がなかった。もっとも、材木の代りに石材で再建することを考えていたためでもあるが。

王は立派な宮殿の建築にも着手した。一つはモゴンティアクムの町からあまり遠くないインギレンハイムという荘園の近くに、もう一つは、バタウィ族の居住する島の南側に接して流れるウァハリス川沿岸のノウィオマグスに建てた。

しかし特筆したいことは、彼が全王国のどこでも老朽のため崩壊した神聖な建造物をみとめると、その建物の管理責任者である司祭や神父に再建を命じ、この命令が果たされるように代理を送って監督した、ということである。

ノルドマンニとの戦争にそなえて、艦隊を編成した。このため、ガリアとゲルマニアの北海に注ぐ川で、軍船が建造される。そして、ノルドマンニ人はいつもガリアとゲルマニアの海岸を襲い荒らしていたので、港や船を入れる能力のある河口にはすべて根拠地と沿岸守備兵をおき、こうした防衛体制で、そこからの敵の上陸を封じた。属領ナルボネンシスやセプティマニアの南方海岸や、ローマまでのイタリア全海岸には、最近海賊を働きだしたマウリ族に対し、同じ処置を講じた。このため彼の生存中は、ガリアやゲルマニアがノルドマンニ人から、イタリアがマウリ族より、大きな損害を蒙るということは、たえてなかった。もっとも例外と言えば、エトルリアの町ケントゥムケラエがフランキ人を裏切った結果、マウリ族に占領され荒らされたのと、ゲルマニアの海岸に沿うフリシアのいくつかの島々が、ノルドマンニ人に掠奪されたことである。

第三部　カロルス大帝の私生活と肖像

一八　家族や友人との関係　王が以上述べたように、王国を防衛し拡大し、同時に美しく飾ったことは誰もが認めている。では彼の天賦の才能や、どんな出来事に対しても、順境にも逆境にも一貫して変わらぬ完璧な剛毅や、その他の私的な乃至家庭的な生活に関する事柄を、今から述べていくことにしよう。

父の死後、弟と王国を分け合ったが、弟の敵意と猜疑心を非常に辛抱強く耐えて、腹立ちの感情すら起こさなかったのは、誰にも驚嘆すべきことに思えたのである。

それから母に説得されて、ランゴバルディ族の王デシデリウスの娘を妻に貰ったが、どういうわけか一年後には彼女を離縁した。そしてスウァビ族出身の最も偉れた貴族の娘、ヒルディガルダを妻とする。彼女によって三人の息子、つまりカロルスとピピヌスとフルドヴィクスと、同じ数の娘、フルオトルディス、ベルタ、ギスラを生む。さらに三人の娘、テオデラダ、ヒルトルディス、フルオドハイディスをもうけたが、そのうちの二人は東フランキ族、つまりゲルマニア人の血をひく妻のファストラダに、あとの一人は、今その名を思い出せないある妾《めかけ》に生ませたものである。

ファストラダが死ぬと、アラマンニ族の娘リウトガルダを娶《めと》る。彼女からは一人も子供が生まれなかった。彼女の死後(17)三人の妾をもった。つまり、サクソニア人の血をひくゲルスウィンダ――彼女からアダルトルディスという娘が生まれた――、レギナ――彼女は、王にドロゴとフグスを生む――そしてアダリンディス――彼女から、王はテオデリクスをもうけた――である。

王の母ベルトラダは、王から高い名誉を授けられながら長寿を全うした。王は彼女をいつも深く敬愛し、二人の間に不和の生じたことは、唯一度の例外を除くと、たえてなかった。それは母のすすめで貰っていたデシデリウス王の娘を、離縁したときである。彼女は、ヒルディガルダの死後にやっとこの世を去った。それで、息子の家で、三人の孫と同数の孫娘を見られたわけである。母は、父が埋葬されたと同じ聖ディオニシウス大聖堂に、盛大な葬儀とともに葬《ほうむ》られた。

王にはギスラと呼ぶ唯(18)一人の姉妹があった。彼女は少女の頃より、敬虔な信仰生活に魂を捧げていた。彼女をも母と同様に、深い愛情をこめて尊敬した。彼女は王が死ぬ数年前に、暮らしていた修道院でこの世を去る。

一九　つづき

王は自分の子供をこう育てるべきだと考えていた。息子も娘も同様に、王自身も勉強していた教養学課を、最初に教えられるべきである。次いで息子たちには、年齢がそれに耐えられるほど成長すると早速、フランキア式の乗馬や、戦闘や狩りの訓練をさせた。娘らには、暇で退屈し怠惰に暮らさないように、糸紡ぎに慣れ、糸巻棒やつむに精出すよう命じ、価値のあるものならなんでも教え込ませた。

以上すべての子供のうち、王が死ぬ前に失ったのは、二人の息子と一人の娘である。それは長男のカロルスと、イタリアの王に据えていたピピヌスと、ギリシアの皇帝コンスタンティヌスと婚約していた長女のフルオトルディスである。このうちピピヌスは、自分の死後、一人の息子ベルンハルドゥスと五人の娘アダルハイディス、アトゥラ、グンドラダ、ベルタイディス、テオデラダをのこした。これらの遺子にカロルスは、肉親の愛情の顕著な証拠を見せた。つまり、息子が死ぬと、一人の孫には父の跡を継がせ、孫娘らは自分の娘といっしょに育てさせた。

息子や娘が死んだとき、カロルスは、誰をも凌いでいたあの高潔な魂にそぐわず、その悲哀を辛抱強く耐えなかった。つまり、同じように顕著な彼の特徴であった烈しい愛情に負けて涙を流した。ローマの教皇ハドリアヌスの訃報に接したときは、友人の中で最も大切にしていただけに、まるで兄弟か、最も可愛い息子を失ったときのように、哀泣した。じっさい王は、友情を気軽に受け入れ、終生かわらず守り通したのだから、友情に関しては最も中正な人であった。この友誼の絆で自分と結ばれた人は誰でも、清らかに尊敬した。

息子や娘の躾《しつけ》にはたいそう気を配り、家にいるときはきまって子供といっしょに食事をし、旅に出るときも、必ず彼らといっしょであった。息子らは彼の側で馬に乗って行き、娘らは彼の後をついて行った。この行列の最後尾を、侍従のなかからこのために命じられた幾人かが、護衛した。

娘らはたいそう美しかったし、彼女らを王は鍾愛したために、これは不思議な話であるが、娘らを一人も、自国民にせよ他民族にせよ、誰のもとにも嫁にやろうとはしなかったのである。「予は娘らとの共同生活を失うことはとてもできない」と言って、娘らをみんな、自分が死ぬまで家にとどめていっしょに暮らした。このため、その他の点では幸福な人だったのに、運命の女神の意地悪い仕打を体験したのである。でも王はこれをうまくごまかして、娘らに何か恥ずべき不行跡があるのではないかという疑いが起こっても、噂がまき散らされても、まったく何もないかのように振舞った。

二〇　つづき　彼には、一人の妾から生まれたピピヌスという息子があった。彼については、先に他の子供といっしょに述べるのをのばしてきた。顔は美しかったが、傴《せむ》僂《し》であった。彼は、父がフニ族との戦いでバイオアリアに冬営していたとき[20]病気をよそおい、フランキアの何人かの貴族に、王国を与えてやるとの空しい約束でそそのかされて、彼らといっしょになって父に対し謀叛を企てた。奸策が発覚し、謀叛人の一味が罰せられたあとで彼は剃髪し、プルミアの修道院で宗教生活に没頭したいという願いを許された。

これ以前に一度、彼に対して大規模な謀叛がゲルマニアで起こった。そのときの共謀者は、一部は眼玉をぬかれ、一部は五体をそっくり無傷のまま、しかし全部流謫地へ流された。そのうち三人だけを除くと一人も殺されなかった。この三人は、逮捕されかけたとき、剣をぬいて身を庇《かば》おうとし、幾人かを斬りさえしたので、他の方法では掣肘《せいちゅう》できず、止むなく殺したのである。

しかしこれらの謀叛の発端も起因も、女王のファストラダの冷酷な性格にあった、と信じられている。二度も王に対して謀叛が企てられたのは、王が妻の残忍性に調子を合わせ、彼本来の情け深さや、いつもの優しさからおそろしく外れたように見えたからである。

これ以外には生涯を通じて、国の内外ですべての人から最高の愛情と好意をよせられながら日日を送ったので、彼の不当な残酷を非難するほんの一言すら誰からも投げかけられたことはなかった。

二一　異邦人との関係　彼は異邦人を愛した。彼らを受け入れるのに大そう尽力したので、彼らが大勢集まり、宮廷ばかりでなく、王国にとっても負担に思えたのは当然である。しかし王は、持ち前の雅量から、これらの重荷をほとんど苦にしなかった。というのも大変な損害は、気前よいという賞讃と立派な名声の報酬とで、償われたのであるから。

二二　王の容姿　彼の体はふとって、強健であった。背も高かったが、均斉を破るほどではなかった。というのも彼の身長は、彼の足[21]の七倍もあったことは確かであるから。彼の頭頂は丸くふくらみ、両眼は人並みはずれて大きく生き生きと輝き、鼻は普通よりもやや大きめであった。白髪は美しく、顔は微笑《ほほえみ》をたたえ機嫌よく見えた。

そういうわけで、坐っていても立っていても、彼の容姿には一段と威厳と品位が加わった。ただし首は心持ち太くて短く、腹もいくらか前に張り出しているように見えた。でもこれは、五体の他の部分と釣合がとれて目立たなかった。歩き方は堂々として、体全体のこなし方も男らしかった。声は澄み、はっきりと聞えたが、体のわりには小さかった。生涯健康に恵まれたが、死ぬ前の四年間というものは、絶え間なく熱病におかされ、最期まで片足をひきずっていた。そしてそのときでも、大抵のことは医者の忠告に従わず、自分の判断で処置した。医者をほとんど敵視していた。というのも医者は、彼になじんでいた燔《や》き肉を止めて、ゆで肉を常食とするように説得していたからである。

たえず乗馬と狩猟の技《わざ》を鍛えた。これらは彼の民族に生来の習俗であった。というのも、これらの技でフランキ族に太刀打ちできる民族は、地上にほとんど存在しなかったのであるから。彼はさらに、天然の温泉の湯気を好んだ。そこでたびたび泳いで体を鍛えた。たいへん水泳術に上達し、まともに競泳して彼に勝てるような者は一人もいなかった。

このようなわけで、アクアスグラニ(22)にも王宮を建て、晩年を死ぬまでずっとそこで暮らした。そこの浴場には、息子ばかりか貴族や友人を招き、ときには侍従や護衛兵の一隊をも招待した。その結果、ときには百人以上もの人たちといっしょに入浴することもあった。

二三　王の服装　彼はいつも祖国の、つまりフランキア風の着物をきていた。体にすぐ、亜麻布の下着と亜麻布の股引《フエミナリア》をつけ、その上に、絹地で縁どりをした上衣《トゥニカ》と下穿《ティビアリア》をつけた。それから脛を脚絆《フオスキオラ》で包み、足に靴をはいた。冬には、かわうその毛皮やてんの毛皮でつくった胴衣を身につけ、肩と胸を庇った。それから紫紅染の外套を羽織り、常に剣を佩《つ》けていた。剣の柄も帯も、金か銀であった。時には宝石で飾った剣もつけたが、これは大祝日とか、他部族の使節がやってきたときだけであった。

異国風の衣裳は、たとい美しくても、これを拒絶し、着ていることに我慢できない性《たち》であった。その例外と言えば、ローマで一度は教皇ハドリアヌスの要請で、二度目は彼の後継者レオの懇願で、ローマ風の長い上衣とギリシア風の外套《クラミユス》をつけ、ローマ風に形作られた靴をはいた。祝日には、金糸で織った着物、宝石をちりばめた穿物《はきもの》、黄金のとめがねでとめた外套をつけ、黄金と宝石の冠で身を飾って堂々と歩む。その他の日には、しかし彼の服装は一般の人々、つまり庶民の服装とほとんど変わらなかった。

二四　王の私生活と習慣　食物と飲み物は、節制した。飲み物は、とくに慎んだ。誰にせよ、酔っぱらうことは、まして自分や身内のものが酔うことは、ひどく嫌悪した。だが食物については、「お腹がすくと体に毒だ」とたびたびこぼしていたほど、控え目になれなかった。饗宴はめったに催さなかった。ただ大祝日にだけ催し、そのときは、しかし大勢の人を招待した。毎日の正餐には、わずか四品を供されていた。もっとも燔き肉だけは番外で、いつもこれを狩人が串にさして持ち込んでいた。王はこれを他のどんな料理よりも好んで食べた。

食事の最中に、演奏や朗読をいくつか聞いた。彼のため、同時代や古代の史書も読まれた。彼は聖アウグスティヌスの著作を喜び、とくに『神の国について』という題をもつ本を愛好した。葡萄酒とかすべての飲み物を飲む際は、正餐中三杯以上飲むことは稀であったほどさしひかえた。夏には昼食の後で、何か果物を食べ、酒を一杯だけ飲むと、いつも夜にするように着物と穿物をぬぎ、二時間か三時間かそこら休んだ。夜の睡眠は四度も五度も目を覚まし、のみならず起き上がって、眠りを中断させるといった状態であった。

靴をはき着物をきているときに、友人を招じ入れたばかりか、時には宮中伯が王の裁決なしに判決を下せないような訴訟を報告に及ぶと、直ちに訴訟当事者を入室させ、正式に裁判官席へ坐っているかのように訴訟を審理し、判決を下したのである。そして、こんなことだけではなく、どんな仕事であろうと、その日のうちに片付けなければならぬことは何でも、あるいは臣下の誰かに命じなければならぬことはみな、こうした時間を利用したのである。

二五　王の教養　彼は語彙も豊かで、淀みなく話した。自分の望み通りに何でも、きわめて明快に表現できた。母国語だけに満足せず、外国語の勉強にも精を出した。なかでもラテン語は、いつでも母国語と同じようにしゃべれるほどに修得した。ギリシア語は、話せたというより理解できたという方が正しい。弁舌が巧みであったので、機智にも富んだ人のように見えた。

教養学課は熱心に学び、それらの師を深く尊敬し大きな名誉を与えた。文法を学ぶときは、すでに老台であったピサの助祭ペトルスの講義を聞いた。その他の学課では、同じく助祭でブリタニア出身のサクソニア人でアルビヌスの綽名をもつアルコイヌスという、いかなる分野にも造詣の深い人を、教師として学ぶ。この師について、修辞学や論理学を、とりわけ天文学を学ぶのに、多くの時間と努力を費やした。数学を学び、鋭い観察力で星の運行を好奇心にみちて探究した。

書くことにも努めた。暇のときには、文字をかたどるため手をならそうとして、書板や羊皮紙を寝床に持ち込み、枕許《まくらもと》にひろげるのが常であった。けれども晩年になって始めたため、この時期おくれの努力は、ほとんど成功しなかった。

二六　王の信仰　幼い頃より感化を受けていたキリスト教を、極めて敬虔な気持で最高の愛をもって信仰した。このためアクアスグラニにたいそう美しい大聖堂を建て、金や銀や灯火で、そして純銅製の扉や内陣格子で飾った。これを建てるために大理石の柱を、他の土地から求められなかったので、ローマやラウェンナから運ぶよう手配した。

この教会には、朝にも夕べにも、時には未明にもミサの時にも、彼の健康が許す限り、熱心に通った。そして教会で営まれるすべての聖務が、できる限り厳粛に行われるように、たいそう骨折った。堂守には、下品なものや汚いものがそこに持ち込まれ、あるいは置き去りにされることを阻止するように、たびたび銘記させた。金製銀製の聖器や聖職者の制服も、教会にたくさん置いておき、ミサ祭式をあげるときには、最下級の聖品である堂守ですら、私人用の服装で務める必要がないように配慮した。聖書朗読や詩篇頌誦に関する例規を、熱心に改良した。というのも、彼はその両方に非常に精通していた。しかし、朗読は公の席において一人でしたことはなく、朗誦は低い声で他の者といっしょにするだけであった。

二七　王の慈善　貧乏人の救済と、ギリシア人がエレイモシュナと呼ぶ「慈善の施し」に、献身した。祖国や自分の王国内でそうするよう気を配っただけではなく、キリスト教徒が貧しく暮らしているのを知ると、海を越えて、シュリア、エジプト、アフリカ、エルサレム、アレクサンドリア、カルタゴにまで彼らの困窮に同情し、金を恵むのが常であった。王が特に海の彼方の諸王の友情を求めたのも、その結果として諸王の支配に服しているキリスト教徒の身の上に、何らかの慰藉や救済の手がさしのべられるようにと願ったためである。

神聖にして尊敬すべき場所のうち、一番崇《あが》めたのは聖使徒ペテロ教会である。王は、ここの宝蔵に金や銀の多額の貨幣を、のみならず莫大な宝石を寄進した。大量の、ほとんど無量の贈物も教皇に送られた。彼は、統治の全期間を通じて、いつもこう考えていた。ローマの都が昔日の権威をとり戻して栄えるように努力し奉仕すること、聖ペテロ教会を自分の力で守り安泰をはかるばかりでなく、私財を投じて他のどの教会よりも美しく飾り裕福にすること以上に自分の大切な任務はない、と。

ローマ市をこれほど重んじたのに、統治していた四十七年間を通じてそこを訪ねたのは、わずかに四度(23)しかない。それもただ誓願を果たし、祈願するためでしかなかった。

二八　王の戴冠　カロルスの最後のローマ訪問は、こうした理由からだけではなく、次のような事情もあったのである。ローマ市民が教皇レオに不正な暴力を働き、つまり両眼をえぐりとり舌を切りとったので、教皇は止むなく王に生命の保護を懇願した。そのためローマに行き、そこに冬中滞在して、大そう乱れていた教会内部の状態を、正常に戻したのである。

この時カロルスは、「皇帝」と「アウグストゥス（尊厳者）」の称号を受け取った。彼はあとでこう断言したほどに、はじめは固くこの称号授与を辞退したものである。

「あの日がたとい大祝日であったとしても、もし教皇の意図をあらかじめ推察できていたら、あの教会にのこのこ踏み込んだりはしなかったろう」

それはともかく、称号を受けとったために嫉妬《しっと》され、たいへんな忍耐力でこれを我慢した。つまり東ローマの皇帝たちが、これに腹をたてたのである。彼は、皇帝らにたびたび使節を送り、手紙で彼らを兄弟と呼びながら、雅量によって彼らの頑迷にうちかった。この高潔な魂によって、疑いもなく彼は遥かに彼らより優《まさ》っていた。

二九　諸改革　皇帝の称号を受けとった後、自国民の法律に不備な点が多いことに気がついた。つまり、フランキ族には二つの法典があり(24)、これらが多くの点で、ひどく食い違っていたので、欠けている点を補足し、矛盾している点を統一し、誤謬とか不正な記述を訂正しようと考えた。けれども結局、彼は、二つの法典についてはわずかの、それも不完全な項目をこれに加えたことを除くと、他にはいかなる手も加えなかった。

しかし彼の支配下にあったすべての民族の、それまで書かれていなかった習慣法をよせ集め、書きとらせたのである。同じく、昔の王の業績や戦争を歌った非常に古い粗野な詩歌を書きとめ、後世に残した。母国語の文典編纂にも、着手した。母国語による名称を確立する。というのもそれ以前は、フランキアにおいてて、ある月はラテン語で、ある月は蛮族語で呼ばれていた。同様にして、十二の風も自国語の名称で区別された。以前はやっと四つの風の名しか、見つけることができなかった。

月については、一月をWintarmanoth、二月をHornung、三月をLentzinmanoth、四月をOstarmanoth、五月をWinnemanoth、六月をBrachmanoth、七月をHeuvimanoth、八月をAranmanoth、九月をWitumanoth、十月をWindumemanoth、十一月をHerbistmanoth、十二月をHeilagmanothと呼んだ。

風には次のような名称を与えた。東風をOstroniwint、東南風をOstsundroni、南南東風をSundostroni、南風をSundroni、南南西風をSundwestroni、西南風をWestsundroni、西風をWestroni、西北風をWestnordroni、北北西風をNordwestroni、北風をNordroni、北北東風をNordostroni、東北風をOstnordroniと。

第四部　カロルス大帝の晩年と死

三〇　フルドヴィクスの即位とカロルス王の死

生涯も終わりに近づいた頃、病気によっても年齢からも気持をせかれていたので、息子のフルドヴィクスを自分のもとに呼びつけた。ヒルディガルダの息子らのうち、これが唯一人生き残り、アクイタニアの王となっていた。厳粛な伝達によって、フランキア全王国より貴族を召集し、全員に諮《はか》った後、息子を全王国の共同統治者とし、「皇帝」の名称の相続者とした。そして息子の頭に王冠をおき、「皇帝」と「アウグストゥス」と呼ばれるように命じた。

彼のこの決定は、出席者全員から、好意ある賛同とともに受けとられた。というのも王国の発展のため、神がこのことを彼に啓示したように思えたからである。これは彼の尊厳を高め、そして他部族に、少なからざる畏怖の念を呼び起こした。

ついでアクイタニアに息子を返し、自分はいつものように、老齢で体力も弱っているにもかかわらず、アクアスグラニの王宮から遠くない所へ狩猟に出かけた。これに熱中して、その年の秋ののこりを費やし、十一月一日頃、アクアスグラニに帰ってきた。そこで冬を過していたとき、一月にひどい熱病にかかって床につく。彼は直ちに、熱病のときよくそうしていたように、食事の節制をわれとわが身に課した。これを続けると病気が追い払われるか、少なくとも軽くなると判断したのである。しかし熱と共に横腹の疼痛《とうつう》も烈しくなった。ギリシア人はこの病気をプレウレシス（肋膜炎）と言っている。彼はずっと絶食をつづけ、ほんのときたま飲み物をとるだけで、体を持ちたえた。寝ついてから七日目に、一月二十八日の朝の九時頃、聖体を拝領し、この世を去った。享年七十二で、統治を始めてより四十七年目であった。

三一　王の葬儀　遺体は厳粛な儀式のうちに清められ、着飾られ、全国民の最高の悲嘆のうちに教会へ運ばれ、埋葬された。彼自身生存中に、何も指示を与えていなかったので、初めどこに遺体を埋めるべきかに迷った。ついにすべての人の意見で、彼が神への愛のため、われらの主イエス・キリストへの愛のため、かつまた神聖にして永久に処女なるかの聖母の名誉のために、自分の費用で、同じ地アクアスグラニに建てていたあの大聖堂に葬るより外に、適わしい場所はどこにもないということにきまった。この大聖堂に、死んだその日のうちに埋葬される。

墓の上には、金箔をきせた迫持《せりもち》を建て、それに像を彫り碑銘を刻む。その銘文はこう書かれた。

「フランキ族の領土を拡げて壮大華麗な王国となし、四十七年間幸運に統治した、偉大な正統キリスト教徒カロルス皇帝の体が、この墓石の下に横たわる。西暦八一四年、十五年循環暦第七年、一月二十八日、七十歳代にして逝く」

三二　死の前兆　彼の最期が近づいた頃、不吉な現象が頻《しき》りに相次いで起こった。そのため他の人ばかりでなく、彼自身もこれが死の警告であることを感じたほどである。生涯の終わる前の三年間はずっと、太陽と月が頻繁に蝕《か》けた。太陽の中に黒色の斑点が七日間にわたって見られた。

大聖堂と王宮の間に、王が至難の技をこらして建てていた逍遥柱廊が、主の昇天の日に突然倒れ、基底まで崩れ落ちた。同じくモゴンティアクムのレヌス川の架橋が炎上した。彼が十年間もかけて、莫大な労力と驚くべき技術を駆使し、永久にもちこたえられると思われたほど堅固に作った木製の橋であった。これが偶然の火事で三時間燃え続け、水につかった部分を除くと、一つの木片も後に残さなかった。

カロルスが、ダニ族の王ゴドフリドゥスに対して、サクソニアに最後の遠征をしていたときのことである。ある日、太陽の昇る前に陣営を出て進軍し始めたとき、突然、天から巨大な光を放つ流星が落ちきたり、右から左へと清澄な空気をよぎって走ったのが見られた。この兆《きざし》が何を予告しているか、皆いぶかっていたとき、だしぬけにカロルスの乗っていた馬が頭を下げて前にのめった。カロルスはもんどりうって地上に投げ飛ばされたので、外套の留金がこわれ、剣帯がさけた。側につき従っていた家来が急いで駆け寄り、王の武具をぬがせ、外套をとってやっと助け起こしたのである。たまたまその時、しっかりと手に握っていた槍ですら手から飛びぬけ、二〇ペースもそれ以上も遠くへなげとばされていたほどである。

さらにアクアスグラニの宮殿が、たびたび震動した。彼が起居していた館の天井の鏡板が、しきりにみしみしと音をたてた。後年埋葬された大聖堂に、雷が落ちる。屋根の天辺を飾っていた黄金製の林檎が、雷光に打たれて砕け、聖堂に隣接していた司教の家の屋根にとばされた。同じ大聖堂の、上層と下層の迫持《せりもち》(25)の間の、建物の内壁部分をとりめぐらしている蛇腹の縁に、赤絵具で短詩が書かれてあった。これは、この寺院の創建者は誰かといった内容の詩で、その最後の詩句に、「元首カロルス」の文字が読まれていた。ところが王が亡くなった年に、ある人たちがこんな事実を指摘した。カロルスが死ぬほんの二、三カ月前に、「元首」を現わしていた文字が、跡形もないほどすっかり消されてしまったと。

しかし王は、以上述べたような現象はみな、いかなる点でも自分の運命とまったく関係がないかのように、ごまかし無視したのである。

三三　遺書　娘らと妾の子供ら[26]にも幾らか自分の遺産を継承させたいと考え、遺書を作成しようと決心した。が、おそくとりかかったため、ついに完成することができなかった。しかし財宝、現金、衣裳、その他の調度品の分配については、彼の友人や侍従の面前で彼が死ぬ三年前に、これを行った。彼らは、彼が計らい、彼らが同意し承認したこの分配が、彼の死後も効力を失わないようにと、証人として呼ばれたのである。

配分された各物件について、彼が欲した決定はすべて短い文書に書きとめさせた。その目録と本文は次の通りである。

「主にして、全能の神、父にして子なる、聖霊の御名に誓って。

最も栄あるそして仁徳ある主君、皇帝アウグストゥス・カロルスが、わが主イエス・キリストの託身より八一一年目、彼のフランキア統治四十三年目、イタリア統治三十六年目、皇帝在位十一年目、十五年循環暦第四年に行った遺産の分配と分割は、その日彼の家の中に見出された財宝と現金について、彼が、仁慈深きかつ慎重な思慮により、主の承認の下に、行うことを決心し遂行したものである。この分配にあたって、彼があらかじめ最も注意したいと考えたことは次の点である。

従来からの慣例通り、キリスト教徒に対して行われ、彼らが所有するところとなる喜捨の分配は、彼の名義でまた彼の現金から、定められた通り正しく完遂されること。のみならず、彼の相続者はすべて、彼に関して抱くに違いない疑惑を払拭《ふっしょく》し、各自、自己の所有物を明白に認識し、お互いに定められた分け前通りに、訴訟も諍《いさかい》もせず分け合ってくれるように願う。

さてこうした意図と目的の下に、これが書かれた当日、金や銀や宝石として、及び宮殿の装飾物として彼の家に見つけられたすべての彼の財産と家具を、まず三つの部分に分けた。次いでその二つの部分を平等に二十一の部分に小分けし、第三の部分はそのままにしておく。最初の二つの部分を二十一等分したのは、彼の王国内に重要都市が二十一あると、判断したためである。つまり、これらの重要都市の各々に、小分けした一つ一つの部分が、彼の相続者と友人の手を通じて、喜捨の名目で与えられること。彼が死ぬ時、これら重要都市の教会の指導者となっている大司教は、自分の教区に与えられた部分を受けとり、属司教らと共に分け合うこと。その際、三分の一は大司教が自分の教会にとり、後の三分の二は、属司教の間で分け合うということにする。

最初の二つの部分から、主要都市の数に合せて二十一に小区分された各々は、別々に離して、それぞれ固有の金庫の中に蔵《しま》い込み、その表に、それが割当てられるべき町の名を書いておく。[27]このような「エレイモシュナ」つまり慈善の施しが行われるべき主要都市の名は、以下の通りである、
ローマ、ラヴェンナ、ミラノ、チビダーレ、グラド、ケルン、マインツ、ザルツブルグ、トリール、サンス、ブザンソン、リヨン、ルーアン、ランス、アルル、ヴィーン、タランテーズ、エンブルン、ボルドー、トゥール、ブールジュ。

完全に残しておくことを欲した一つの部分については、次のように考えている。二つの部分は、上記の如く小分けし、それに封印して隠しておくが、この第三の部分は、日常の必要に供されるのである。この財産は、いかなる誓約の義務によるも、所有者から所有権の移転譲渡が行われないものとみなして、使用してよい。ただしその使用は、カロルスが肉体でこの世に居る間に限られ、そしてカロルスが自分に必要であると判断した範囲内に限られる。彼が死んだ後は、つまり世俗的な財産に意欲を欠いた後は、この部分を四つに小分けする。

その一部は、上記の二十一部に加えられ、第二の部分は、彼の息子らと娘ら、及び

息子らの息子らと娘らが、これを受けとることが正しく、お互いに適当に分け合うべきである。第三の部分は、キリスト教徒に伝統的な習慣に従い、貧乏人の使用に供されること。第四の部分は、同じ意味から、喜捨の名目で、宮殿内の役目に奉仕している男女の召使に、その生活を支えるため、分け与えられること。

他の部分と同様に、この第三の部分も、金と銀とからなるが、この第三の総量には、銅製、銀製、その他の金属製の食器や皿、そして武具や衣裳、並びにその他の日常万般の用に作られた高価な乃至安ものの調度品――たとえば垂幕、寝台の上掛、絨毯《じゅうたん》、毛織物、皮製品、馬具――、そして部屋や衣裳簞笥《だんす》に、その日見つかったすべての物品が、加えられることを欲した。

それは、こうした附加により、第三の部分がより大きくなり、従ってより多くの人々に喜捨の分配が行きわたるようにと、考えたためである。

彼の礼拝堂、つまり教会要具については、彼が作ったり集めたりしたものも、祖先から遺産として彼のものとなったものも、同様にそっくりそのまま保存し、いかなる分配によっても切り離されてはならぬと、指示した。もしその礼拝堂に彼の寄進でないことがはっきりと証明された器具や書巻、その他の装飾品がある場合、これを所有したいと欲する人は、正当に評価された価格で買いとり、所有してよろしい。同様にして、その大半を蒐集した彼の図書館内の蔵書は、これを所有したいと思う人が、正当な価格で買いとるべきであり、その代金は貧乏人に分配されることを命ずる。

世間周知の如く、以上の他に彼の什宝や財産の中には、三つの銀の卓と、特に大きくて重い一つの金の卓がある。これについては、以下の如く定めた。銀製品の一つで、コンスタンティノポリスの市の絵を描いた四角形の卓は、その他の贈与品に加えて、これをローマの聖使徒ペテロ大聖堂に送られること。もう一つの、ローマ市の絵図を描いた円形の卓は、ラウェンナの教会の司教区に送られること。[28]第三の卓は、その美しい出来映えと重い目方で、他より遥かに偉れ、それは三つの同心円からなり、その表面に全宇宙の絵が繊細にして微妙に描かれている卓で、第四番目に挙げた黄金の卓とともに、彼の後継者と、喜捨の両方に分けられたあの第三の部分の追加として、加えられるべきである。

この配分の決定と命令は、その時出席できた司教、修道院長、伯の面前で、これを行い定めたものである。その人らの名前をここに記載しておく。

司教、ヒルディバルドゥス、リコルフス、アルン、ヴォルファリウス、ベルノイヌス、ライドラドゥス、ヨハンネス、テオドゥルフス、イエセ、ヘイト、ヴァルトガウドゥス、修道院長、フリドゥギスス、アダルングス、エンギルベルトゥス、イルミノ、伯、ヴァラ、メギンヘリ、オトゥルフス、ステファヌス、ウンルオクス、ブルカルドゥス、メギンハルドゥス、ハト、リヴィヌス、エド、エルカンガリウス、ゲロルドゥス、ベロ、ヒルディゲルヌス、フロコルフス」

神の命令でカロルスの後継者となった息子のフルドヴィクスが、この遺書を検分し、王の死後できるだけ速やかに、最高の献身的熱情でもって、これらの指示をすべて果たすよう努力したのである。（了）

《附録》[29]『カロルス大帝伝』へのヴァラフリドゥス・ストラボの序言

最大の栄光に燦然と輝くカロルス大帝の生涯と業績に関する以下の記述が、エインハルドゥス〔アインハルト〕の、つまりその当時のすべての宮廷人の中で、その学殖識見のためばかりでなく、人柄の完璧な誠実さとによって比類なき賞讃を博したひとの手になること、そして、述べられているほとんどすべての事柄に彼が直接かかわっていたが故に、その記述が一点の濁りもなく澄み切った真実によって証明され確信させられるということは、世間周知の事実である。

彼は東部フランキアの、モインゲウウィと呼ばれる地方に生まれ、殉教者・聖ボニファキウスが創建になるフルダの修道院の学校で、少年期の学習と修養の初歩と基礎を受けたあと、先の修道院の院長バウゴルフスによってカロルスの宮廷へ移された。それは神の顕著な贈物であった高貴な血筋のためというよりは、むしろ、将来有名となる筈の叡智の偉大な証拠が、その頃すでに彼の中に約束していたあの非凡な能力と聡明さのためであった。

というのも、カロルスは賢人を熱心に探し求める点で、かつまた賢人が全く不自由なく安心して知慧を愛せるような環境を整えることにかけても、あらゆる王の中で最も貪欲であったからである。

こうしてカロルスは、神からおのれに託された王国の霞《かすみ》がかかった、言うなればほとんど盲目も同然であった広大な土地を、この野蛮な国に以前部分的にしか知られていなかった全知識の新しい輝きでもって明るくし、万物を照らす神に対して目を開かせたのである。

ところが今日、学問への情熱や執念は、これまでと反対の方向へ傾いて、叡智の光が次第に敬愛されなくなり、多くの人の中で翳《かげ》りはじめている。

さて上述の侏儒は――というのもエインハルドゥスの背恰好は見た目にみすぼらしかったのである――叡智の愛好者たるカロルスの宮廷において、明敏と謙虚とによって、大いに誉れを高めたので、当時権力と英邁さにおいて比倫を絶していた王から、国王陛下に仕えていたすべての宮廷人の中で、この人以上に多くの私的な秘密を打ち明けられた相手はほとんど一人もいなかったほどである。じっさいそれも当然であった。カロルス自身の時代ばかりでなく、――これはさらに大きな奇蹟であるが――ルドヴィクス帝の下でも、つまりさまざまの紛争や混乱によってフランキ人の国家が波濤の如く上下に揺れ動き、多くの点で危殆に瀕していた時ですら、エインハルドゥスは、神の恩寵により、天から授かった驚嘆すべき平衡感覚によって、自分自身を守り、その結果、多くの人に嫉妬と危害をもたらしてきたあの輝かしい名声を、時期尚早に放棄することもなかったし、取り返しのつかない危険に身をさらすこともなかったのである。

私が以上のことを申し述べたのも、彼の著述に対する世間の比類なき賞讃が、彼の庇護者への敬愛の念に由来すること、そして内容の明々白々たる真実が詮索好きな読者を満足させるためであったことを知ってもらうならば、何人も彼の記述にいささかの疑念も抱かないであろうと思ったからである。

この小品において、適切と考えた所で文章を区切り、見出しをつけたのは、他ならぬ私、ストラボである。それは、読者が関心を抱いた事項を探し出すとき、その個々の記述へ、いっそうたやすく接近できるようにするためであった。(30)

注

（1）「他人との云々」eadem cum aliis velut communiter litteris mandata……曖昧な表現で解釈も定まっていない。
（2）「第一巻」三章六節。
（3）「ステファヌス」ヒルドリクスの廃位を命じた（七五一年のこと）のはステファヌスの前任者ザカリアスともいわれる。
（4）「マイヨル・ドムース」原典は複数形（majores……praefectos）になっているが、この宮宰職が複数であったからではなく、歴代の宮宰の総数を意味したものか。
（5）「カロルス」カロルス・マルテルスのこと。
（6）「彼が受けて云々」以下八章の終わりまで原文がいささか曖昧である。
（7）「事件」以下の事件は七七八年八月十五日の Roncevaux の敗北のこと。
（8）「ブリタニア辺境伯」Brittanici limitis praefectus このブリタニアは小ブリタニアのことで、フランスの今日のブルターニュ地方のこと。
（9）「大海」今日のバルト海。
（10）「伯や代理」comitibus etiam atque legatis, この legatus は missus comitis「伯の巡察使」のことか。
（11）「カガヌス」Kaganus は khan（汗）のラテン語化。

（12）「じっさい云々」以下の文意も曖昧である。「彼らはほとんど」の彼らはフニ族のことであろう。

（13）「両パンノニア」utramque Pannonia パンノニアがドナウ川の上流あたりで両分されていたために、このような表現となったのか。

（14）「手紙」現存していない。

（15）「このため……強く疑ったので」ob hoc……valde suspectus. 写本は ob hoc eis……suspectum で、Holder-Egger の校訂本もこれを採用しているが、これでは意味不明。Halphen の改訂に従う。

（16）「EXIC」中世の発音による綴りで、正しくは EXEIΣ（＝ἔχεις）.

（17）「三人の妾」ある系統（C）の写本では「四人」とある。そしてこう補足している。「つまりマデルガルダ——彼女は王にルオティルディスという名の娘を生む——そして」ゲルスウィンダへと続く。Halphen はこれを採る。今は Holder-Egger に従う。

（18）「唯一人」じっさいは三人で、二人は夭折している。

（19）「意地悪い仕打」次女、三女がそれぞれ男と通じ子供をもうけていたといわれる不倫な娘の父への反抗を暗示したものか。

（20）「病気を装い」病気を口実に父に従って出征せず、レギナ〔レーゲンスブルク〕（?-一六五頁参照）に居残っていたという意味か。

（21）「足の七倍云々」つまり背丈は七ペースもあったという意味か。

（22）「アクアスグラニ」アーヘンは温泉地として一世紀より有名。

(23)「四度しか」七七四、七八一、七八七、八〇〇年。

(24)「二つの法典」サリ法典とリブアリ法典。両方とも日本訳が公刊されている。久保正幡訳「西洋法制史料叢書」創文社、昭和五十二年。

(25)「迫持」これは前章と同じく原語はarcus。次に出る「蛇腹」も建築用語で、原語はcorona。

(26)「娘ら云々」この「娘ら」が、後述の「第二の部分は彼の息子らと娘ら……これを受けとる」の娘らと同一人物なのかどうか不明。もし同一だとすると、結婚も許さぬほど鍾愛した娘らに、父カロルスは本遺言書とは別個に、（本遺言では言及のない妾腹の子と共に）遺産贈与を明文化したかったのであろうか。それとも原文filias et ex concubinis liberosを「妾の娘らと男の子ら」と解すべきか。後者と解するには原文はいささか曖昧である。

(27)「以下の通り」以下の市名は、ラテン語で伝えるとわずらわしいので現代名とした。

(28)「第三の卓」この円卓の形姿《イメージ》がはっきりしないが、Halphenに従って次の如く解しておく。大中小の三つの円環が同心円状につながり（ex tribus orbibus conexaをこう解する）、真中の小さい円に地球と大気圏が描かれ、そのすぐ外側の円内に月と太陽と遊星の天体が、一番外の大円の中に恒星の蒼穹が描かれている。つまり大円のテーブルの平面に、中と小と二つの円周と、三つの天体図が克明に描かれていたものか。

(29)「附録」ここに「附録」として訳したヴァラフリドゥス・ストラボ（つまり斜視者ヴァラフリドゥス）の「序言」について、簡単な説明を加えておく。

ストラボは、アインハルトに約三十年おくれて、八〇九年頃シュヴァーベンに生まれ、アインハルトの死後九年に、四十歳でライヘナウ修道院長として八四九年にこの世を去る。

彼はなによりも自然を愛した偉れたキリスト教詩人であり、そして古典の教養を身につけた神学者でもあったが、八二七年頃、宮廷に呼ばれ、フリドヴィクス敬虔王の息子カロルスの師傅をつとめて、宮廷人としての生活も体験した。

そのようなわけで、尊敬する先輩アインハルトの『カロルス大帝伝』を正しく評価できたストラボは、これを広く世間に推薦したいと願い、自作の「序言」を附して、公刊したものである。

残念ながら、このストラボの自筆原本は失われて、現在は十五世紀の三本の写本を通じて伝わっているにすぎない。
(30)「文章を区切り云々」現在の校訂本は、すべてストラボの区切りを踏襲している。彼の各章の見出しは、たとえば「王の空名の下にフランキ人を長く統治していたメロウィンギ朝の人たち」(第一章)「宮宰カロルス・マルテルスと、その息子ピピヌスとカロマンヌスについて」(第二章)などとなっている。訳者はほぼ Halphen に従って、各章に題目をつけ、さらに各部に大分けしたものである。

ノトケルス

『カロルス大帝業績録』

目次

第一巻　敬虔なカロルスと教会

第一巻

【1】万物を計《はか》り統《す》べ、諸王国の運命と時間の推移を定め命ずる全能の神は、ローマ（1）人のかの称讃すべき像の鉄と煉瓦の足を粉砕したあと、フランキアの地に輝かしきカロルスを通じて、もう一つの先のに勝るとも劣らぬ、驚嘆すべき像に黄金の頭を打ち建てた。

カロルスが世界の西方地域を単独（2）で統治し始めたとき、学問文芸の研究は、どこでもほとんど忘却され、神への真の礼拝も熱を失いさめきっていた。

かかるとき、たまたまヒベルニアから二人のスコティ人が、ブリタニア人の商人と共に、ガリアの海岸に着く。この二人は、聖俗いずれの学芸にも博《ひろ》く通じた、比類なき碩学《せきがく》であった。彼らは売る品物を全く何一つ並べずに、買物に集まってきていた人の群に、いつも呼びかけていた。

「深遠な知慧が欲しい人は、誰でもわたくしどもの所にやってきて、受けとるがよい。

それはわたくしどもの家で売られているのだ」

二人が智慧は家で売ると告げていたのも、民衆なるものは売物なら買っても、ただの物なら買わないということを見抜いていたからである。

このようにして彼らは叡智が、その他の商品と同じように、人々の関心を刺戟することを望んでいたのか、それとも、この後で起こったことからもわかるように、かかる宣伝文句で民衆が不思議がり、あっけにとられることを願ったのか。ともかく二人は長い間、このように声をかけていたところ、ついにこの話が、驚き呆《あき》れた人々や、二人を狂人とみなす人たちによって、日頃から常に智慧を愛し熱望していたカロルス王の耳に伝えられた。

早速、王は二人を呼び寄せ、目の前で尋ねた。

「世間の噂で知ったのであるが、果たしてその通り、おまえらは叡智を所持しているのか」

彼らは答えた。「持っています。主の名に誓って、智慧を求めるに適わしい人に、それを与える心構えができています」。王は「そのお礼として何を返したらいいか」と尋ねると、彼らは答えた。「教えるに適当な場所と、優れた才能に恵まれた人と、そして異境での伝道生活に欠かせないもの、食糧と衣類です」

これを聞いて王は満悦し、ひとまず二人をしばらくの間、自分の家に泊らせた。この後、王は外地への遠征を強いられると、彼らのうちの一人、クレメンスと名のる者をガリアの地に住まわせ、これに貴族の少年や中流階層や下層の子供まで充分に大勢託し、子供には、銘々が必要とするだけの食糧を給し、勉学の生活に適した宿舎も提供させた。

もう一人の方は、その名を……と呼ばれたが、(3)イタリアに送り、ティキヌムの町に近い聖アウグスティヌス修道院の管理を任せた。

彼について学びたいと願う者が大勢、この修道院に集まって来れるようにと配慮したものである。

〔2〕さてアングリ人のアルビヌスは、諸王のうちもっとも敬神の念の篤いカロルスが賢者をいかに歓待しているかを聞くと、船に乗り王を訪ねて来た。アルビヌスは同時代の他の人を遥かに凌ぎ、あらゆる分野の学問や知識に通暁し、聖典の解釈者として聖グレゴリウス亡き後、最も博学であったあのベーダ(4)の弟子でもあった。

王はアルビヌスが生涯を閉じる日まで、外敵の征伐に出陣した時を除き、常住不断彼を自分のそばから離さず、自分が彼の弟子と呼ばれ、彼が王の師父と呼ばれることを願っていたほどである。一方で王は、自分の留守中アルビヌスがそこで休養をとり、かつ彼を慕《した》いつどう者たちを教化する場所として、トゥロネスの町に近い聖マルティヌス修道院を与えた。

アルビヌスの薫陶は大いに功を奏し、同時代のガリア人やフランキ人が、古代ローマ人やアテナイ人に比肩し得るほどになった。

〔3〕 連戦連勝のカロルスが、長い歳月のあとガリアに帰還すると、クレメンスに預けていた少年らを自分のもとへ呼びつけ、各人の書簡や詩を提出させた。すると中流階層や下層の子供は、望外にも、さまざまの智慧の香料をまぜた滋味豊かな詩文を呈上した。しかるに貴公子らは、あらゆる痴愚蒙昧に毒された味気ない作品を献じた。

すると、優れて英明なカロルスは永遠の裁定《さばき》の正義に倣い、立派な文章を書いた少年は右の方へ寄せ集め、このような言葉で呼びかけた。

「息子たちよ、心からお礼を申す。おまえらは力の限り、予の命令を服膺し、おまえらに有用な知識を学びとろうと努めたのだから。それ故、今からは完成の域に到達するように懸命に励めよ。しからばその暁《あかつき》に予は、おまえらに壮大華麗な司教区や修道院を与えるであろう。そして予の面前で常に晴れがましい待遇を受けるであろう」

ついで左側の少年に向き直り、厳しい表情で爛々《らんらん》たる眼光を放ち、彼らの良心を烈しく揺さ振り、話しかけるよりむしろ雷を落とし、侮蔑の念に満ちた威嚇の言葉を投げつける。

「お前たち貴公子よ、貴顕紳士の息子たちよ、見栄張の洒落者よ、おまえらはおのれの生れと身代を恃《たの》み、予の指示を守ることや、自分らの面目を施すことを後廻しにし、学問への没頭を無視し、贅沢と遊興と怠惰に、さよう、心身の無駄遣いに耽ったのだ」

こう言ってから、威厳溢れる顔と常勝不敗の右手を天に向け、いつもの誓約を雷光の如く射放った。

「天上の王に誓って言う。おまえらの高貴な出自や優美な身なりを、たとい他の者が驚嘆しようと予は高く評価しない。このことははっきりと肝に銘じておけ。おまえらはこれまでの怠慢軽視の罪を、夜を日につぐ精進で償わない限り、カロルスの下では何一つ価値あるものを手に入れることはないであろうということを」

〔4〕そういう次第で、上記の貧しい家庭の子供の中から、読み書きに最も傑れた一人の少年を、宮廷礼拝堂の司祭に採用した。この「カペラ《カペラ》」という名称は、フランキアの歴代の王が護身符として、かつ敵を威圧するため、常時戦場へ持参していた聖マルティヌスの法衣《カッパ》に由来し、彼らは帝室礼拝堂をいつもそう呼びならわしていた。

さてある司教が亡くなったと知らされ、先見の明あるカロルスは「その人は自分の財産か業績のうち、何か価値あるものを死後に遺したか」と尋ね、使者が「主君よ、司教は二リブラの銀も残しませんでした」と答えると、くだんの少年司祭は深く嘆息をつき、ふと浮んだ考えを胸の中にしまっておけず、王が聞いているのに、思わずこう叫んだ。「終りなき長旅にとって、何と路銀の少ないことか」

きわめて温順なカロルスは暫く案じてから、少年に言った。「おまえはあの司教職を自分が承け継ぐと、遠い死出の旅路のため、もっと沢山の金を工面しようと努めるだろうと思っているのか」

その少年は真意の曖昧なこの問いを、あたかも開けた口に落ちてきた早熟の葡萄の実を即座に呑み下すかのように、王の足元に平伏し、「主君よ、それは神の意志とあなたの権限いかんにかかっています」と答えた。

すると王は言った。「予の背後に垂れ下っているカーテンの裏に立っておれ。そしてこの名誉をおまえと張り合う志願者が、どれほど沢山いるか、そこで聞いておれ」

さて宮廷人どもは、くだんの司教の訃音に接すると、常日頃他人の不幸を、いや、たしかに死去すら手ぐすね引いて待っているので、みんなそれぞれ先を越されることに我慢できず、お互いに他人を嫉妬し、皇帝と昵懇な人を通じ、この職をなんとかして自分の手に入れようと骨折った。しかし王は「あの若者に嘘をつきたくない」と言って、自分の決意を崩さず貫き通し、すべての人の申し出を断ったのである。

とうとう王妃ヒルディガルダは、あの司教職を自分に仕える聖職者に世話しようと、まず王国の一流の指導者を遣わし、ついで自らも王に詰め寄った。王は后《きさき》の要望を機嫌よく聞いてから「あの若い聖職者を欺くと、予の面目がたたないので断る。それ以外のことならなんでも妃の申し出を拒否しないし、できもしない」と言った。

自分の意向や願望を男の決定より優先させたいのが、あらゆる女の習性なので、王妃も怒りを胸に秘めて平静を装い、大いに張りあげたい声もやさしく抑え、愛情の品《しな》を作って皇帝の断固たる決心を蕩《とろか》せようと試みた。

「わたくしの主君、王様、なぜあの司教区を、少年に与えて台無しになさるのですか。わたくしの栄光でわたくしの避難所、心優しい王様よ、どうかお願いです。あなたの忠実な家来に、わたくしのあの聖職者に司教職を譲ってやって下さいませ」

するとあの若者は、――王の玉座のすぐ傍《そば》のカーテンの背後に立っていて、一人一人がどんなに熱心に嘆願するかを聞いておれと、王から命じられていたあの若者は、突然カーテンもろとも王を抱きしめ思い余ってこう嘆願した。

「主君、王様、神があなたに賦与した権力を、あなたの手から誰ももぎとらぬように、毅然たる態度をとり続けて下さい」

すると、常に正々堂々として廉潔を尊《たっと》ぶ王は、この若者を公の席に呼び出して言った。

「あの司教区を持つがよい。されば熱心に管理し、一旦そこへ行けば二度と帰れないあの遠い旅路のために、いっそう多額の費用と路銀を、予とお前の死後に遺すよう精を出せ」

〔5〕王の側近の中に、風采のあがらぬ誰からも馬鹿にされていた、学問も教養も充分に身につけていない一人の聖職者がいた。きわめて慈悲深いカロルスは、彼の貧乏に同情し、たとえ皆が彼に憎悪の念を燃やし除《の》け者にしようと努めても、彼を排斥し従者から除外せよという意見には、決して説き伏せられなかった。

ところが、たまたま聖マルティヌスの前夜祭に、ある司教の死去が皇帝に報じられた。王は帝室の聖職者のうちから、高貴さと学識の上で並々ならぬ天分に恵まれていた人を呼び、亡くなった司教の職を与えた。

その者は有頂天となり、おのれを忘れて宮廷人をたくさん自分の屋敷に招待した。さらに彼の司教区から祝賀に来た大勢の人まで、尊大不遜な態度で迎え入れる。すべての客に、目を見張らせる豪奢な饗宴を支度させた。こうして彼は馬食し腹を満たし、鯨飲して酔いつぶれ、その聖なる宵祭の夜に徹夜の勤行に参ずることをすっかり失念してしまった。

さて合唱隊長はその前日に、一人一人が当夜に分担してうたう筈の応誦詩篇を指示しておくのが習慣であった。そしてあの者には、つまり司教職をすでに手中に入れたかの如く振舞っていたくだんの聖職者には「主よ、もしまだわたくしがあなたの民に必要ならば……」という応誦詩篇が割りあてられていた。しかるに彼が欠席していたため、読誦のあと長い沈黙がつづいた。居合せた者らは、その応誦詩篇の穴を埋めようとお互いにせっつき合う。しかし誰も彼も、自分の義務は自分が分担している応誦をうたうだけだと言い張っていたとき、ついに皇帝は、「誰かうたえ」と言った。すると、先のみすぼらしい聖職者が神の意志に鼓舞され、王の権威に勇気づけられ、自ら引き受けて応誦をうたい始めた。やがて慈悲深いカロルス王は、彼が最後まで歌詞を全部暗記しているとは思わなかったので、みんなに助けるように命じた。他の者もうたいだしたが、くだんの男は可哀想に、誰からもどこで終えたらよいかを教えて貰えなかったので、応誦をうたい終え、主禱文を美しい旋律でとなえ始めた。みなは彼を阻止したかったが、賢君カロルスは、終わりはどこまで行けるかためそうと思い、誰も彼の邪魔をするなと命じた。

彼が(5)「御国《みくに》の来らんことを」という言葉でうたい終わると、他の者は否応《いやおう》なしにこう答えざるを得なかった。「御意《みこころ》の（天の如く地にも）行われんことを」

早暁の讃歌が終わると、王は宮殿に帰り、暖炉のある部屋に入って体を暖め、それからこの大祭日を祝うため盛装で身を飾った。このとき古い召使で最近合唱隊員となっていた例の男を、自分の所へ呼び寄せて、「おまえにあの応誦をうたえと命じたのは誰か」と尋ねた。男は恐る恐る答えた。「主君、あなたが、誰かうたえ、と命令されたからです」

すると王《レクス》は――この王という名称は、古人の間で帝国の支配者に用いられていた――「よろしい」と言って、こうつけたした。「ではおまえにあの終わりの文句を教えたのは誰か」すると彼は当時の下層社会の人が上流社会の人に敬意を表し、あるいは迎合しおもねるとき、いつも用いていた言葉を、神の霊感に勇気づけられたものか――世間はそう信じているが――こう呟いた。

「麗しき主君、祝福されたる王様、わたくしは他の文句を誰にも尋ねることができなかったので、自分の心の中で考えました。もし場違いの句を択んでいたら、あなたの威厳を損なうでありましょう。そこで結びの文句が慣例にてらして、応誦の最後から二行目の詩句に適わしいようにと心がけたのです」

すると温雅な皇帝は優しくほほえみかけ、居並ぶ高位顕官の面前で、こう宣言した。

「あの傲慢不遜な者は、神をも神の最も大切な友たる王をも恐れず敬《うやま》おうともしなかった。

予が聞いていたように、彼がうたう筈だった応誦だけは、少なくともそこに居てうたい始めるべきであったのに、たった一晩すら、日頃の贅沢三昧から我慾を断ち切れなかったのである。あの者は神と予の裁《さば》きにもとづき、司教区を没収されねばならぬ。そしてその司教区をおまえに神が与え、予もこれに同意するがゆえに、おまえは教会法規と使徒の権威にもとづき、心して管理せよ」

〔6〕 さらにもう一人の司教が没したとき、その後任として皇帝はある若者を指名した。彼が出立のため喜び勇んで家の外にでると、彼の召使たちは司教の肥満体を気づかって、踏段の所まで彼の馬を近づけた。すると司教は、彼らが自分を臆病者とでも思っているかのように憤慨し、平地から馬に飛び乗ったところ、背中の上にしっかりとどまれずに向う側の地面へ転落してしまった。

この光景を王は宮殿の露台(6)の手摺から眺めていて、早速周りの者に、その司教を自分の所へ呼んでくるように命じて、こう話しかけた。

「天晴《あっぱ》れな者よ、おまえは元気旺盛で動作も機敏だ。おまえも承知の如く、わが帝国はあちこちで多くの戦禍にまきこまれ、平穏を掻き乱されている。それ故、おまえの如き聖職者を予は随員の中に加えたい。そこでさしあたっておまえが、あのようにすばやく馬に飛びのれる間、戦場で予と苦労を分け合って貰いたい」

〔7〕 先に応誦詩篇の割り当てに言及したさい、読誦の手順について述べることを忘れたので、ここで少しこの問題を論ずることを許されたい。

博覧強記のカロルスの礼拝堂では、各人に朗読すべき読誦部分を予め課す人はいなかったし、自分の分担の終わるところに蠟で印をつける人もいなかった。少なくとも爪の跡は、どんな形でもつけなかった。誰でも読まれるべき箇所はすべて心得ておくように気をつけていたので、不意に朗読を命じられても、皇帝から非難されるような人は、見つからなかったのである。

読ませたいと思った人に、王は指か杖を向けて合図し、離れて坐っていた人には側近の中から人をつかわして指示した。朗読の停止は、咳ばらいで伝えた。全員が一心にこの咳ばらいを待ちうけていたので、文が終わったときも、真中で区分されたときも、さらにその半分に区切られたときでも、次の人がうたい始めるまでに、多少のちぐはぐが終わった人との間に生じても、合図より早くも遅くもならないように気をつけた。

その結果、帝室礼拝堂では聖職者全員が、たとい読誦の内容を理解していなくても、最も立派な朗読者だということになった。外部の者は、たとい有名な人でも、読誦と朗唱の技を身につけていないと、帝室合唱隊に進んで加わろうとはしなかった。

〔8〕 さてカロルスは旅をしながら、ある大きな司教座聖堂にやってきたとき、彷徨修道士の一人の聖職者が、カロルスの訓練がいかなるものかを知らずに、自ら進んで合唱隊に加わった。

ところが上述の如き合唱の方法を、全く学習していなかったので、うたっている者の間に立ったまま、途方にくれ黙りこくっていた。この者に合唱隊長は指揮棒を振りあげ、うたわなければ、叩くぞと脅した。彼はどうすべきか、どこへ行けばよいかもわからず、教会の外へ出る勇気もなくて、首を縮め喉に皺の輪をつくり、頤《あご》を上下に動かし口をぱくぱくさせ、可能な限りうたっている人の特徴をまねようと努めた。

そこで周りの者は、みな我慢できなくてくすくすと忍び笑いをしていたが、忍耐強い皇帝だけは、さよう、大事件にも動ぜぬ泰然自若たる皇帝は、その剽軽者《ひょうきんもの》の所作に気づいていないかの如く、ミサの終わりまでいかにも厳かな態度をとりつづけた。

この後で皇帝は、あの可哀想な男を自分の所へ呼び、労苦と骨折りをいたわり、こう慰めた。

「立派な聖職者よ。おまえが一生懸命にうたおうとしたその努力に、予は大いに感謝する」

そして彼の窮状を救うため、王は一リブラの銀を与えるように命じた。

〔9〕(7)〔アルビヌスについて〕私が忘れたか、無視したか、そのどちらかではないかと思われないためにも、このことを彼の功績として、あるいは用意周到な配慮のあかしとして述べておく。つまり彼の弟子の中で最も神聖な修道院長か、最も聖なる司教へと出世しなかった人は一人もいなかったということを。

わが師(8)〔グリマルドゥス〕も彼のもとにいて、先ずガリアで、ついでイタリアで教養学課を学び、知識を身につけていた。

しかしこうした事例に通暁している人から、例外を一人も挙げないのは嘘つきだと非難されないために言っておくが、たしかに帝室合唱団の中にいた二人の粉屋の息子だけは、聖コルンバヌスの下僕の出身なのに、司教職や修道院の管理職に抜擢されるのに適さなかった。それでも二人は信じられているように、彼らの師コルンバヌスの功績により、あいついで、ボビウム修道院の首席司祭の勤めを厳正に果たしたのである。

さて誉れ高きカロルスは、王国全域で学問への熱意と精進が花と咲いているのを見ながら、まだ学問が昔年の教父たちの円熟の域に達していないのを残念に思い、人の限界を越えて努力していることが忌まわしくなり、思わずこのような言葉を洩らした。「ああ、ヒエロニュムスやアウグスティヌスのような、博学な聖職者を十二人も持ちたいな」

これを聞いて高名な学者アルビヌスは、あの二人の教父と比較されると自分も無智同然だと悟り、畏怖すべきカロルスに面と向かい、誰も思いもよらなかったほど大胆不敵に答えた、胸に湧いた激しい義憤を多少面《おもて》にあらわして。「あの二人と比肩し得る者を、天と地の創造主といえども、あれ以上持っていません。それなのにあなたは十二人も持ちたいのですか」

〔10〕ここで、われわれの時代の人に信じ難いと思われることを、率直に述べておきたい。

これを書いている当の私にも、もし怠惰な現代人の虚言よりも教父の真実の言葉を信ずべきだと思わない限り、フランキアの教会の歌とローマの教会の歌との間に、大変な違いがあったとは、いまだにすっかり信じられないのである。それ故、うまずたゆまず神に奉仕し神を愛するカロルスは、学問の研究に可能な限りの進歩を達成し、自分の宿願を果したと喜んでいたが、その一方で、神への称讃が、つまり教会の讃美歌の旋律法が、地方ごとに、いやすべての伯領や司教区ごとに、それぞれまだ違っていることを、たいそう憂慮していた。

そこで今は亡き教皇ステファヌスに頼み――この教皇は最も臆病なフランキア王ヒルデリクスが廃位させられ剃髪《ていはつ》したとき、古い祖先の慣例に従い、カロルスを王国の支配者として塗油した人であるが――讃美歌に最も精通した聖職者を何人か派遣して貰うように努めた。教皇は王の立派な誠意と神の霊感による熱意に賛同し、十二人の使徒の数に因み、教皇庁から、讃美歌に精通した聖職者を十二名、フランキアの王のもとにおくってきた。

さしあたって、フランキアという名称を使うとき、それでもって私はアルプスのこちら側のすべての地域を示しているのである。というのも、聖書に(9)「その日には諸々《もろもろ》の国語《くにことば》の民十人が、ユダヤ人の一人の裾《すそ》をとらえん」と書かれているごとく、その時代には誉れ高きカロルスの卓越した偉大さ故に、ガリア人もアクイタニア人も、アエドゥイ人もヒスパニア人も、アラマンニ人もバイオアリア人もみな、たといフランキ人の奴隷と呼ばれるに適わしくとも、それだけで彼らは充分に世間の注目をひいたと判断し、誇りを感じていたのである。

ところがギリシア人やローマ人はおしなべて、フランキアの栄光を常に嫉《ねた》み、猜疑心に苛《さいな》まれていたので、右の聖職者らもローマを出発するにあたって鳩首合議した、いかにすれば、王国や伯領でうたい方が相違し、統一や調和が享受されなくなるかと。彼らはカロルスのもとにやって来ると、手厚く礼遇されたあと、特に偉れて立派な土地へ散らばって行った。各人銘々の赴任先で、それぞれうたい方を違え、考えられる限り不正確に自分でもうたい、そのように他の人にも教えようと苦心した。

英君の誉れ高いカロルスは、ある年トレウェレンシスとメティスの町でキリストの生誕の日と公現の日を祝ったとき、注意深く神経を研ぎ澄し、歌の訴える力を理解し本質を洞察した。ところがその次の年、同じ祭典をパリシイとトゥロネスで祝ったとき、前年の先述の町で体験していたのとは全く異った旋律を聞く。のみならず、その他の土地へ派遣していた者らも、時が経つと共に、それぞれ違ってきていることに気づいた。

そこで王はステファヌス教皇の後継者で、今は亡きレオ教皇に右の事実を知らせた。レオは彼らをローマへ呼び戻し、追放刑や終身禁固刑に処し、雷名とどろくカロルスに言った。「他の者をあなたの所へ送れば、先の者らと同じように嫉妬心から盲目となり、あなたを愚弄することすら辞さないでしょう。そこで私はこうしてあなたの熱意を満足させたいと思います。あなたのお傍《そば》の聖職者の中から抜群の逸材を二人送って下さい。そのさい私の所にいる者らが、二人をあなたの輩下と気づかぬように。それから二人が神の御加護によりあなたの望まれる事柄に関して、完璧な知識を習得するように努めます」

約束通りにことが運ばれる。二人は僅かな期間で、最高の知識を身につけてカロルスのもとへ送り返された。王はその一人を手許に残し、もう一人を自分の息子メティスの司教トロウゴの要請により、その教会へ送った。

彼の勤勉な働きにより、この教会の歌い方は、同じメティスの地で影響力を持ったばかりでなく、全フランキアに非常な勢いで拡がり始め、いまではこれらの地方でラテン語を話す人たちの間[10]にまで教会の讃美歌がメテンシス（メティスの歌）と呼ばれるに至った。ところでテウトニクス語、あるいはテウティスクス語を使用しているわれわれの間では、俗語で met か mette と、または、ギリシア語風の派生語を使って、mettisca と呼[11]ばれよう。

〔11〕 敬虔にして温厚なカロルスは、四旬節[12]には昼の第八時にミサ聖祭を祝い、夕方の讃歌を終えると同時に晩食をとることを習慣としていた。だからといって、断食を守らなかったわけではない。主の掟に従って、一日に一度しか食事をとっていなかったのだから。

これをある司教が賢者の訓戒《いましめ》に逆《さか》らい、甚だ愚かにも、正義に固執し過ぎて、前後の見境もなく非難した。聖明なカロルスは、憤怒を隠し、彼の忠告を謙虚に受け入れて言った。

「よく諫めてくれた。めでたき司教よ。その代りに予はおまえに命じる。予の宮殿に住んでいて一番下で働いている召使が、食事をとり終わるまで、おまえは何も食べてはならぬ」

ところでカロルスが夕食をとるときは、いつも大公とさまざまの民族の君主や王たちが、給仕をしていた。王の食事が終わって大公たちが食事をとるとき、彼らは伯や長官や、さまざまの位の貴族が接待した。彼らの食事が終わると今度は軍隊の上官や宮廷の学者が食事をとる。彼らの後であらゆる職種の頭《かしら》が食事をとり、ついで上級職の者たちが、その後でこの者らの手下がとり、こうして最後の者が食事をとるときにはもう真夜中になっていた。

四旬節がほとんど終わって、先述の司教が、このような懲《こらし》めをじっと我慢していたとき、慈悲深いカロルスは彼に言った。

「司教よ、おまえは認めてくれたと思う、予が四旬節の間、日没前に食事をとるわけを。つまり不謹慎からではなく、いろいろのことを考慮した結果だということを」

〔12〕　また別なある司教は、王から祝福を求められたとき、パンを祝福してまず自分がちぎって食べ、その後で最も尊敬すべきカロルスにパンを差し出そうとしたので、王は言った。「おまえがそのパンを全部食べるとよい」
こうして司教をまごつかせてから、その者の祝福を受けとることを拒否したのである。

〔13〕　慎重で用意周到なカロルスは、野蛮人と隣接して辺境に住む伯を除き、いかなる伯にも、いまだかつて一つ以上の伯管区を与えたことはなく、至極正当な理由がない限り、いかなる司教にも、王の権限に属する修道院や聖堂を任したことはなかった。
「なぜそうなのですか」と帝室顧問や懇意な者から尋ねられたとき、こう答えた。

「王室の財産や地所を与え、あるいはこの修道院や聖堂を任せて、あの伯やこの司教の如く立派な、いやもっと素晴しい人物を、予の忠実な封臣としたいからである」

もっとも、幾つかの正当な理由から例外的に多くを与えたのは、たとえば諸王と諸皇帝の母である偉大なヒルディガルダの兄弟オダルリクスである。

彼はヒルディガルダの没後、ある罪を犯してカロルスから名誉を剝奪された。この人にふれてある道化師が皆の前で言った言葉が、慈悲深いカロルスの耳をうった。

「オダルリクスは姉上亡き後、東部でも西部でも辱しめられている」

この言葉に王は涙を流し、早速オダルリクスに昔日の名誉をとり戻してやる。

神聖な場所にも、正義が命ずるときは、気前よい恵みの手を率直に差しのべたことは、次の話からも明瞭である。

〔14〕カロルスが旅に出るとき、どうしても出会うところの、いやむしろ、避けて通れない司教区があった。その土地の司教は、王を喜ばせたい一心で、持てるものはすべて、王への忠誠心から惜しみなく費やした。ある日予期しないとき不意に皇帝が訪れたので、くだんの司教は周章狼狽し、つばめの如くあちこちと飛び廻り、聖堂ばかりでなく家も中庭も、道路まで掃き清めさせて、疲れ果て腹を立てながら、王を途中まで迎えに出た。

これに気づくと、信心深いカロルスはあちこちに視線を向け、一つずつみな丁寧に観察して司教に言った。

「立派な友よ、おまえはいつも予の到着にそなえて、注意深くすべてのものをきれいにしておるな」

彼はまるで神から問いかけられた如く、膝《ひざ》を曲げて不敗の王の右手を両手で握り接吻し、できるだけ憤りを隠して言った。

「主君よ、あなたが行かれる所はどこでも上から下まですべて、きれいにするのは当然のことです」

そこで、王の中で最も賢明な王はその他のことに関しても、さまざまの情報を確めてから司教に言った。

「人を空っぽにする方法は、よく知っておるが、一杯にすることだって承知しておるぞ」

そのあとで「おまえの司教区に隣接するあの地所を与える。おまえの後継者もみんな、いつまでも持つがよい」と付言した。
〔15〕またあるとき同じように突然旅に出て、避けて通れない土地に住むある司教のもとに立ち寄った。
その日は金曜日であったので、王は四つ足の肉も鳥の肉も食べたくなかった。司教はその土地の事情からして、急いで魚を見つけることもできなかったので、乳脂《クリーム》で白い最上等のチーズを供するように命じた。カロルスは、どこでもどんなことにも我慢強い温厚な人だったから、司教の赤面や恐縮を赦し、その他のものは何一つ求めず、庖丁をとると、いかにもいやらしく見えた青黴《あおかび》の部分を、削ぎ落し、チーズの白い部分を食べ始めた。すると、給仕の如く傍に立っていた司教は、さらに近寄って言った。

「皇帝、なぜそのようなことをなさるのです。あなたの切捨てられた所が、いちばんおいしいのです」

人を欺くことを知らない王は、誰からも騙《だま》され得ないと考えていたので、司教の助言を素直に聞き入れて、その青黴の部分を口の中に放り、ゆっくりと嚙み、バターのようになったとき呑み込んだ。

王は、司教の忠告の正しさを認めて言った。「立派な友よ、おまえの言ったことは本当であった」。そして言い添えた。「毎年忘れずに、このようなチーズを一杯積んだ荷車を二台、アクアスグラニの予のもとへ送りとどけてくれ」

この実行不可能な命令に、おのれの地位も職も危殆に瀕したかの如く司教は仰天して返答した。

「主君よ、チーズを手に入れることはできますが、みんなこのようなチーズであるか、それとも違ったものとなるか、皆目、見当つきません。それで、あなたから咎められはしないかと心配です」

しかし見慣れぬものや未知のものはすべて、カロルスの目から逃げたり隠れたりできなかった。このようなチーズの中で育ちながら、その本質を見極めていない司教に言った。

「すべてのチーズを真中で切り、青黴の見られる所を串に通してつなぎ、それを桶の中に入れて予のところへ送れ。その他のチーズはおまえやおまえの聖職者や家族にとっておけ」

この作業が二年間続いたあと、この贈物がこっそりと送りとどけられるように命じられた。三年目に司教が訪れ、大変な労苦の末、長い間に貯えたチーズを自らの手で献上した。

すると公平無私のカロルスは、司教のこれまでの心配と労苦をねぎらって、その司教区に最上の領地を与えた。そこからは、司教とその後継者が自分と自分の家族に必要な量だけの穀物と葡萄を収穫できたのである。

〔16〕叡哲なカロルスが、いかにして身分の低い人を抜擢し重用したかを、これまで述べたので、今からどのようにして地位の高い人を落し卑しめたかも述べたいと思う。

ある所に瓦石《がせき》をむやみやたらと欲しがる、虚栄心の強い司教がいた。この噂を伝え聞くと、賢君カロルスは、約束の聖地カナンをたびたび訪れては、そこから地中海の北の国々へ高価な物珍しい品物をたくさん持ち帰っていたユダヤ人のある商人に、くだんの司教をどんなやり方でもいいから誑《たぶら》かし愚弄せよ、と命じた。

彼は一匹の家鼠を捕え、種々雑多な香辛料を一杯詰め込み、右の司教の所へ売物として持参し、「ユダヤの地からこの誠に高価な、前代未聞の珍獣を持ち帰りました」

と告げた。

司教はこれに随喜の涙を流し、是が非でもこの珍無類の進上物を、自分のものにしたいと願い、銀を三リブラ提供した。

するとユダヤ人は言った。「かかる貴重な献上品に、なんと適わしい礼金でしょう。どなたであれ、そんなに安く全く屈辱的な金額でこれを手に入れられるくらいなら、その前に私はこれを深い海に投じます」

すると、莫大な金を持っていても貧乏人にびた一文施したことのない司教が、この無類の珍品をわがものにできるように、ユダヤ人に一〇リブラを約束した。

するとずる賢いユダヤ人は憤懣やる方なしといった表情をよそおい、本心をあかした。「神アブラハムといえども、私が苦心惨澹して輸入した品を、そんな安値で手放すことには反対なさいましょう」

するとかの貪欲な聖職者は、このような高価な贈物を渇望し、ユダヤ人に二〇リブラ差し出した。ユダヤ人は癇癪をおこし、鼠を高価な絹の風呂敷に包み、外へ出て帰り始めた。司教は裏切られたかのように、いや本当に騙されて、ユダヤ人を呼び戻し、その貴重な進上物を所有できるように枡《ます》一杯の銀を与えた。

商人はしつこく哀訴嘆願されたあげくに、やっと譲歩した。そして受け取った銀を皇帝の所へ持参し、以上の経緯《いきさつ》をみんな報告した。

暫くして王は同じ地方のすべての司教や貴族を、帝室顧問会に召集し、たくさんの必要な用件を審議したあと、くだんの銀を全部持ってこさせ、宮廷の真中に置かせた。それから王は発言した。

「わが教父にして管理者たる司教諸君よ、貧乏人に、いや彼らの中のキリストに仕えよ。空虚なものを渇望してはならぬ。いま、そなたらは全く逆の方を向き、世間のあらゆる人を超えてますます名誉慾や贅沢にのぼせておる」

さらに加えた。「そなたらの一人は、香辛料を詰めた唯一匹の家鼠に、かくも多量の銀をユダヤ人に与えたのである」

誑《たぶら》かされ恥をさらした当の司教は、王の足元に俯伏《ひれふ》し、犯した過ちに赦しを乞うた。王はそれ相応に叱責し懲らしめてから、動顛していた司教に退去を許したのである。

〔17〕 またこの司教は、百戦練磨のカロルスがフニ族との戦いに没頭していたとき、誉れ高き王妃ヒルディガルダを託されて、国に残っていた。彼は王妃との親密な間柄に勢いを得て、ついにこのような鉄面皮な振舞をするまでに増長した。

比類なきカロルスが、祭日に自分の地位の象徴として杖の代りに持つため作らせていた黄金の笏《しやく》を、このよこしまな人は司教杖として使用したいと申し出た。

妃は上手にあしらって言った。「相手の方がどなたであれ、その笏を手渡す勇気はございません。しかし誠実な使者となって、そなたの申し出を王の前で伝えましょう」

王が帰還したとき、妃は常軌を逸した司教の要請を、冗談めかして伝えた。王は司教の申し出に大そう機嫌よく同意した上に、「当人が求めている以上のことすら、許してやるよ」と約束した。

さて、カロルスが手強いフニ族に勝って凱旋すると、ほとんどヨーロッパ全土が祝賀に集まってきた。そのとき王は、居並ぶ大小の人物にこう明言した。

「司教たちは、この俗世間を軽蔑し、自分を手本に俗人を鼓舞し、天上的なものを求めるように励ますべきである。ところがその彼らがいまや俗人以上に、世俗的な野心で腐敗堕落してしまっている。実際、彼らのうちのある者は、ゲルマニアで首座を占める司教区に満足せず、予が支配の象徴として、いつも手にしている金の笏を、予の知らぬうちに、自分の司教杖として欲したほどである」

被告は自分の罪を悟り、乞うて赦宥《しやゆう》を得ると退出した。

〔18〕 わが[13]主君、皇帝カロルスよ、あなたの命令を果たしたいと思っているうちに、私はすべての聖職者、なかんずく最高位の聖職者の反感を買うのではないかと非常に

心配しています。しかしあなたの庇護さえ充分にあれば、このようなことはみな、たいして恐れるにたりませぬ。

さて、篤信の皇帝カロルスはこう宣言した。「予の広大な王国内の全司教は、あらかじめ予が定めた日の前に、各司教区の聖堂で説教せよ。その通りにしなかった者は、司教職の名誉を剝奪されるであろう」

しかし、なぜ私は「名誉」というのか。使徒パウルス(14)は「人もし監督の職を慕《した》わば、これは善き業《わざ》を願うなり」と抗議しているではないか。しかし、あなたに私はこっそりと白状します。人はみな司教職の中に高き名誉は求めていても、「善き業」はいささかも求めていないのですから。

それ故、先の司教はこの主命に仰天した。なにしろ彼は贅沢品を家に溢れるほど持ち、それを自慢する以外に何の能もない人だったから。もし司教職を失ったらそれと同時に、自分の驕奢《きょうしゃ》な生活も奪われると心配して、祭日に高位の宮廷人を二人招待し、四福音書を朗読してから、あたかも民衆に話しかけるかの如く、説教壇に登った。

この思いもかけぬ出来事に驚いて、みんな何ごとかと駆け寄った、唯一人、赤毛の貧乏人を除いて。この者は小さなガリア靴を頭にのせていた。フェルト帽を持っていなかったし、自分の髪の色を非常に恥じていたからである。

すると有名無実の司教は、手下の寺男というより巡査――この者の地位や職務にある人は、古代ローマで造営官と呼ばれていたが――に言いつけた。「教会の玄関の前に立っていて、帽子をかぶった男を私の所まで呼んでこい」と。

巡査は急いで主人の命令を果たし、哀れな貧乏人をつかまえ司教の前に連れ出そうとした。

ところがその男は、神の家で帽子をかぶったまま立っていたので、酷いお仕置を受けるのではないかと恐れ、渾身の力をふりしぼって抵抗し始めた。あたかも厳しい裁判官の居る席の前に連行されるのを拒むかのように。

この光景を高壇から見下していた司教は、いま自分の召使に呼びかけたと思うと、今度はかの哀れな男を非難し、大声をあげて宣告した。「あの男をここへ連れてこい。逃さないように注意せよ」「好むと好まざるとにかかわらず、お前はここへ来なければならないのだ」

こうして男が暴力や威嚇に屈して近寄ると、司教は「もっと近くへ来い。もっと近寄れ」と言って、頭のかぶりものを摑み、とりあげると民衆の方を向いて言った。「皆の衆、よく見給え、この馬鹿は赤毛だ」

それから祭壇の方を向いてミサを祝った。いや少なくとも祝っているような素振りを見せた。こうしてミサ聖祭が終わると、人々はいろいろの壁掛用綴織や、あらゆる種類の絨毯で飾られた広間に通される。そこでは豪奢な饗宴が、宝石をちりばめた金銀製の食器にもって供され、食べ物に飽きたり、胸のむかついていた人すら、食欲をそそられるように仕組まれた。

本人は非常にやわらかい羽布団の上に坐り、大変高価な絹の着物を身につけ、帝王色の紫紅染外衣を羽織っていた。こうして彼にはもう笏と王の名称を除くと、ないものはなにもなかったほどである。彼を取り巻いていた豪華絢爛たる武装兵の一団と比較されると、先述の二人の宮廷人も、さよう、常勝不敗のカロルスの貴族すら、われとわが身をみすぼらしいと思ったほどである。

二人は驚き呆れた饗宴、王にとってすら法外と思われた饗宴の後で、帰宅の許しを求めたとき、司教はおのれの華麗と栄光をいっそう鮮烈に誇示するため、歌唱に長じた楽師に、いろいろの楽器の伴奏と共に、二人を先導せよと命じた。その歌声と器楽の音《ね》に、最も猛々しい心すら和らげられ、レヌス川の急流すら淀むかのようであった。

(15)さて、さまざまの飲み物は、とりどりの香辛料や薬味で風味をそえられ、その杯は宝石や黄金の輝きをその中に秘めて、同時に自分の美しさも加えていた草花で飾られ、すでに胃の中は一杯であったので、手の中で暖められていた。

その間にも、パン焼や肉屋や料理人や腸詰人が技を凝らし、満腹した喉にあらゆる刺戟を用意していた。それは偉大なカロルスにさえ、かつて供されたことのないような御馳走であった。

しかし、朝となって少しばかり正気にたち返ったとき、昨日、皇帝の側近の前で見せびらかしていた豪奢な振舞を大いに恐れ心配しはじめた。そこで、くだんの二人の宮廷人を自分の所へ連れてこさせ、王侯にふさわしい贈物を与えて敬意を表し、「畏怖すべきカロルス帝の前では、どうか私のことを善良でつつましい男だと申して下さい。教会ではあなた方も聞いておられる前で、私が民衆に向かって説教をしたと伝えて下さい」と頼んだ。

帰ってきた二人に皇帝が、「なぜあの司教は、おまえらを呼んだのか」と尋ねると、二人は王の足元に平伏《ひれふ》して言った。

「主君、彼はあなたの名前のために、われわれを、われわれの中庸を越えてまで、もてなそうとしたのです」。そして言い添えた。「彼はあなたに最も忠実な、あなたの司教の中の第一人者で、最高位の聖職に最適な方です。もし低俗なわれわれの判断を信じて下さいますならば、威厳に満ちたあなたに申し上げます。われわれは彼の雄弁な説教を聞きましたと」

くだんの司教の無知無学を見抜いていた皇帝は、説教の様子について説明を求めた。二人は、王を騙す勇気がなくなって、順を追い一部始終を打ち明けた。

そこで王は、彼が自分の命令を敢えて無視したというよりも、自分を恐れて、いくらかでも人前で話そうと努めたことを知り、ふさわしくはないが、司教の地位にとどめることにした。

〔19〕その後しばらくして王の血族のある若者が、ある祭でアレルヤ誦を、非常に見事に唱ったとき、皇帝は先述の司教に言った。「予のあの聖職者は、いま上手に唱ったな」

司教はこの言葉でおのれの無能無才をあてこすられたと解し、かの若者が皇帝の親戚とも知らずに答えた。

「そうですとも。牛飼(16)はみな、畠で牛と一緒に耕しているとき、あのように間延びした声でうなることができます」

まことに間の抜けたこの返答に、彼の方を向いて皇帝は稲妻の如き鋭い視線を放つと、彼はたまげて床土に平伏した。

〔20〕非常に小さな町に、別のある司教がいた。彼はまだ肉体の中に生きているうちから、使徒や殉教者の如く、人と神との仲介者としてではなく、おのれ自身神の如く

崇められ礼拝されたいと願った。

しかし、すべてのキリスト教徒から、異教徒の崇拝する偶像と同様に、いとわしい存在と思われないために、このような傲慢な気持を隠すのに一生懸命であったので、「神の聖者」と呼ばれていたほどである。

この司教に一人の奉公人が出入りしていた。同じ町の人で、生れは卑賤でなく、体の丈夫な働き者であった。しかし、司教が彼にいくらかでも好意を抱いていたとは到底言えなかった。実際、機嫌をとるような言葉など、一言も投げかけたことはなかったのだから。

彼は司教のこのかたくなな気持を和らげるのに、どうすべきかわからぬままに、ともかく彼の名で自分が何か奇蹟を行ったと世間で認められたら、結局は彼からも感謝されるだろうと考えた。

さて自分の家から司教の所へ出向くとなると、いつもきまってガリア語でヴェルトレス[17]と呼ばれる猟犬を二頭連れて出ていた。犬はすばしこく、狐やその他の小さな獣を至極簡単に捕え、たびたびうずらやその他の鳥すら、目にとまらぬ早さで飛びつき、騙しとっていた。

ある日、途中で一頭の狐が塀壁のうしろにひそんでいるのを見つけると、一言も発せずに突然、犬を放った。二頭の犬はまっしぐらに駆けて狐のうしろから襲いかかり、弓の射程距離の中で捕えた。彼も矢の如く走って追いつき、生きたままの元気な狐を犬の歯や爪から引き離した。隠せる場所に犬を隠すと小躍りしながら、この贈物を持って主人の家へ入り、嘆願するような態度で、話し始めた。

「ごらん下さい。旦那さま。貧乏人のてまえが手にすることのできた献上物が、どんなものかを」

そのとき司教は、少し笑顔になって尋ねた。「そんなにぴんぴんしている狐を、どうしてつかまえたのか」。彼は一歩近寄り、主人の健康にかけ、「真実を包み隠さず申し上げます」と誓ってから答えた。

「旦那さま、あの野原を馬に乗って通っていますと、この狐めがさほど遠くない所にいるのを見つけました。そこで手綱をゆるめ馬を飛ばし、やつの後を追いかけだしたのです。するとやつはたいそう執念深く逃げ廻り、とうとうやつの姿をほとんど見失いかけました。手を天にさしのべ誓って申しました。「わが旦那レコさまの名にかけて止れ、これ以上もう動くな」するとどうです。まるで鎖で金縛りにされたようにその場に釘づけられ、立ち止ったので、まるで捨てられた卵のように、その狐を拾い上げたものです」

すると司教は、皆の前で空威張りをし、自我自讃した。「今や私の神聖が明らかになった。今や私が何者であるかを悟った、そして将来何になるかもわかったぞ」その日から司教は、その唾棄すべき奉公人を、家に出入りするどんな者よりも大切にし、驚くほど可愛がった。

〔21〕以上の如き本題とは直接関係のない話を挿入したのも、たまたまそのような機会が与えられたためであるが、この他にも、同じ頃、記録に価する事件が起こったので、それらもこの公の記録と結びつけたい、本書の内容にそぐわないとは思えないので。

さて新[18]フランキアに称讃すべき清浄な魂と禁欲の精神をそなえ、気前よい喜捨と憐愍の情において比類なき司教がいた。一切の正義の仇敵である悪魔が、この司教の純真無垢を嫉《ねた》み、怨念を燃やし、彼の心の中に、四旬節の日に肉を食べたいという欲望をむらむらと起こさせた。そのあげくに、肉を食べて元気を取り戻さないと明日までも生きられずに死ぬかも知れない、と不安をつのらせるに至った。ついに彼は大勢の尊敬すべき高潔な聖職者に相談すると、「肉食で健康を回復せよ。その後で一年間、いつものような禁欲生活をつづけたら良い」と励まされた。

聖職者たちの意見にそむき、自ら命を裏切ったと思われないために、彼らの権威に譲歩し、かつ最後の必要に迫られ、四足獣の肉を幾片か口に入れた。司教がこれを嚙み始め、舌の味覚で甘美を感じとった瞬間、肉やその他の食物に対してばかりか、日光そのものや現在の生に対しても烈しい嫌悪と嘔吐と憎悪にとりつかれ、おのれの健康に絶望して、ついに食べることも飲むことも欲しなくなり、自分の希望は、ただ罪人の救済者の中にあるのみと信じるに至った。

四旬節の最初の一週が終わったとき、先に述べた聖職者たちが忠告した。「あなたが悪魔の幻影に騙されたことをいま悟ったからには、いっそう厳しい絶食と魂の懲罰と気前よい喜捨とで、あの一瞬の罪を克服し、軽減し、洗い清めるように努めなさい」と。

彼は深い教養を身につけていたので、彼らの考えに従い、悪魔の邪意を打ち破るため、純潔を取り戻してくれる神から罪の赦しを乞うために、二日か三日の断食で自分を痛め苦しめ、安楽な睡眠を遠ざけ、毎日自ら手を下して貧乏人や異邦人に奉仕し、彼らの足を洗い、余裕のある限り衣類や金銭を施し、さらにいっそう力をつくそうと欲し、復活祭の前の聖土曜日には全市民から大瓶を求め、熱い風呂を朝から夕方まで、すべての貧乏人に提供するように配慮した。そして一人一人の首を自分の手でこすり、体の毛深い藪の中の膿の塊や瘡蓋《かさぶた》を爪でそぎ落とし、香油を塗り、まるでいま生れ変わったかのような体に、白く輝く着物をきせた。

さて太陽が西に傾き、もはやこのような親切な世話を必要とする者が一人もいなくなったとき、彼自身も風呂に入り、良心をきれいに清めて外へ出ると、清潔な亜麻布の着物に身を包む。それは高潔な司教たちの判断に従い、民衆の前でミサを行うためであった。

彼がすでに教会へ向かって歩いていたとき、狡猾な悪魔は、彼が体をまだ洗っていない貧乏人を見たら、自分の誓に反して放っておかないだろうと考え、彼の計画をつぶすため、非常に汚い、身の毛のよだつような癩病患者の姿を装い、血膿をたれ流し、膿汁でかちかちにこわばった襤褸《ぼろ》をまとい、ふるえる足どりでよろめきつつ、異常な嗄声《しゃがれごえ》で、人の憐《あわれ》みを誘い教会の入口の前で司教を出迎えた。

そのとき高潔な司教は神の霊感を授《さずか》り、おのれを反省し、最近いかなる敵に負けたかを悟ると、白い法衣を脱ぎ、ただちにお湯をわかし、その気の毒な人を風呂に入れた。剃刀をとり最も醜かった首の髯を剃り始めた。

片方の耳もとから喉の真中の気管まで剃って、今度は別の耳から始めて同じ所まで剃り落とそうとして、気管の所へ来てみると——話すのも不思議なことだが——剃った髯よりも長い剛毛《ごうもう》が生えているのを見つけた。

この現象が何度起こっても、彼が剃ることを止めなかったとき、みよ、司教の両手の間に――書いていて身の毛もよだつのであるが――魂消《たまげ》るほど大きな目玉が気管の真中に現われ始めた。

顔面蒼白となって彼は飛び上がり、かかる怪物から後退《あとじさり》し、大声でキリストの名を呼び、十字を切った。神の名が呼び起こされると、人を誑《たぶら》かす悪魔もこれ以上自己瞞着を隠し通せなくなり、煙の如く消えてしまった。去りながら「この目は徹夜してお前を見守っているぞ。復活祭前の四旬節に肉を食べるならば」と言った。

〔22〕同じ地区にもう一人、清浄無垢な司教がいた。彼は学問上の弟子として若い尼僧を、女性であることも知らないかの如く、高齢の聖職者と同じようにみなし、油断して心やすく、自分と一緒に暮らすことを許した。ちょうど復活祭の日に、真夜中すぎまでのびた神への聖務を終えると、アラサティア(19)地方のシグルタリウス酒と共に、あの強いファレルヌス酒を、ふだんよりも気儘に飲み耽って、ああ、ついに自制力を失い、おのれが心の中にたいそう美しい女の顔と娼婦じみた科《しな》を誘い込む。他の人たちが立ち去ると、その女を自分の寝床へ呼び、悲しいことに穢してしまった。東の空の赤らみかけた早朝に起きて、異教徒と共に川の流れで夜を清めると、すべてを見通す真《まこと》の神の目の前に良心を汚したまま進み出た。

まずオルガンの旋律がかなでられ、つづいて自分の務めとして天使の讃美歌をうたうべき時がきたとき、恐怖に襲われ声を失った。法衣を祭壇の上におくと、民衆の方に向きなおって、おのれの罪を懺悔する。ついで祭壇の基台の前に懾伏《しょうふく》し、無量の涙を流し心を洗い清めた。

民衆は立ち上がるように催促し、それぞれ厳粛な誓いで自己をしばり「この特別な日に、どなたであれ、あなた以外の司教によって、ミサ祭式が挙げられることは、自分らに耐え難いのです」と主張した。

司教はその場から動けなくて、双方のやりとりがかれこれ三時間も続いたとき、ついに創造主の慈悲は、信心深い民衆の誓いと司教の心の苦悶をあわれみて、床石に俯《うつぶ》せていた彼に法衣を着せ「自分の寛大な赦しは、汝が天上への厳かな務めを果たすためだ」と告げ、彼を誡の懺悔の鑑として、かつまた安全無事など過去未来を通じてこの世に存在せず、いつでもどこにもあるのは虚偽の安楽だと訓戒して、彼をいたわり元気づけたのである。

〔23〕今日、旧フランキアと呼ばれている地方に、極度の吝嗇《りんしょく》で雁字がらめに縛られていた一人の司教がいた。

ある年、大地から生ずる一切の農作物が異常に実らず、世界中の人口が減少した。

そのとき、くだんの貪慾な商売人は、絶え間なく次々と倒れてゆく人たちの土壇場の要求をほくそえみ、自分の貯蔵庫を開いて法外な高価で売りさばくように命じた。

　そのころ小鬼《デーモン》が、つまり暇つぶしに人間を愚弄し幻滅させることを仕事としていた妖怪変化《ラルウァ》が、ある鍛冶屋の家を毎日訪れては、一晩中、金槌や鉄床《かなとこ》で遊びたわむれていた。そこで家長が平安をもたらす十字の印で自分の命と財産を守ろうと試みたとき、毛深い小鬼は答えた。

「友よ、お前の店でわしが遊びふざけるのを邪魔しないでくれたら、ここに葡萄酒の瓶《かめ》をおいておけ。毎日一杯にしてやるぞ」

　するとその哀れな男は、魂の永久の破滅より肉体の餓を恐れて、悪鬼の説得に応じた。悪鬼は格別大きな瓶を手に持ち、あの酒神ブロミウスや地界の神ディスの穴蔵を破って掠奪をくり返し、余分な酒は床石の上にたれ流しにしておいた。

　こうしてたくさんの酒樽が空になって、やっと司教は悪魔の奸策で中身がなくなっていることに気づき、祝福した水を撒いて穴蔵を清め、不敗の十字の印で守った。

　夜になって、悪魔の小賢しいあの取り巻きが自分の小さな瓶をもって来たところ、酒樽が聖十字で封じられているために敢えて触れようともせず、だからといって外へ出ることも許されず、人間の姿で見つかった。

邸の番人に縛られ泥棒として公の場所へ連れ出され、衆人環視のうちに殺された。死んでゆくとき、この言葉だけ叫んだ。

「ああ、なんと哀れなわしよ。友の酒瓶をなくしてしまった」

この話がもし本当ならば、次のことを知ってもらいたいと思って、私は述べたのである。つまり、盗まれたものが必要な日数だけ隠されていて、その後で姿を現わすのは誰の目の前であるかということ、そして神の名を呼ぶことは、たとい大悪党がそうしても、いかに威力を発揮するかということである。

〔24〕フランキ人の頭に注目し、その手足を丹念に吟味している間に、その他の民族の最高と最低を背後に残してしまった。そこで次に、われわれと唯一つの城壁[20]で隔てられている隣人のイタリア人を訪ねることにしよう。

ここに空虚な品々を、異常な熱心さで欲求する司教がいた。これに悪魔が目をつけると、姿を人間に変え、貪慾の塊のある貧乏人に出会うと、「大金持にしてやるぞ」と約束した。「もしおまえが末長く、おれと結託の足枷で結ばれる道を択びとるならば」

哀れな男は、この申し出を拒否しなかったので、狡猾な敵は言った。「おれは、まことに素晴しい騾馬《らば》に姿を変えるから、おまえはわしの背中に乗って司教の家の中庭へ行け。そこでこの騾馬が欲しいとしつこく求めだしたら、相手をじらし決定をのばせ。言い値を拒み、釣り上げよ。腹を立てたかのように見せて、立ち去る真似をせよ。すると必ず彼は、おまえの後を追って使いの者をよこし、いっそう高い値を約束する筈だ。とうとう懇願に負けて、数えきれぬ金を積まれると、嬉しそうな顔もせず、強制されて渋々承知したという態度で騾馬を譲り渡せ。それからただちに逃げて、どこでもいいから隠れ場を求めよ」

以上の通りにことが運ばれ、司教は次の日まで待つことに我慢できなくて、昼の暑い盛りに騾馬に乗り、得意そうに町中を駆け抜け、外に出ると田野を走って、体を冷やすために川へ急いだ。

司教の機嫌をとって、老人も若者もみな後を追いかけ、急激な旋回、快速の直進、海豚《いるか》そっくりの泳ぎ方を見て喜んだ。

ところがみよ、あの仇敵ベリアルは、もう拍車や手綱に耐えられず、本当の地獄《ゲヘンナ》の焔で身を焦したかの如く、深い淵の中へ身を沈め、おのれと同時に司教までも連れ込み始めた。近くで小舟を操っていた漁夫たちの老練な技と、懸命な働きによって、やっと救出されたのである。

〔25〕 陥穽に長《た》けた悪魔は、散歩している道でいつもわれわれに落し穴を隠しておき、

ある者をある悪徳で、別な人を別な悪徳でもって、足をすくい倒して止めることがない。ある聖職者は——その司教の名は、このような話の中では伏せるべきであるから——淫蕩の罪を着せられた。これが民衆の注意をひき、報告者を通じて司教の司教でもあり、敬神の念のきわめて篤いカロルスに詳しく伝えられた。

英君カロルスは、しばらくの間そのことをまるで知らないかの如く装い、根も葉もない言葉として信じようとしなかった。しかしいかなる不幸もこれ以上に足早く訪れない世間の噂は、非常に小さなやまがらから鷲よりも遥かに大きく成長して、もはやどうしても隠し通せなくなった。

正義の厳しい追求者カロルスは、宮廷人の中から二人を派遣した。二人は夕方に司教の町のすぐ近くに到着し、朝早く不意に聖職者の家を訪れ、自分らのためミサをあげてくれと要請した。もしあくまでも拒否すれば、皇帝の名前を使って聖なる秘蹟をあげるよう強制するつもりでいた。

彼はどうしてよいかわからず、というのも一方でその夜に天の観察者の目の前で罪を犯していたし、他方で二人を怒らす勇気もなかったから、神より人間を恐れて、氷の如く冷い泉でほてっていた五体を洗い、厳かな秘蹟を施すために祭壇に進んだ。するとどうだ。良心の呵責から心臓が震えたのか、冷水が血管の中を走ったのか、猛烈な悪寒に襲われ、いかなる医者の手当の甲斐もなく、恐しい熱の力で死へ導かれ、厳正な永久の裁判者の判決に従って、魂を返すことを強いられたのである。

〔26〕 しかし、たといその他の人間が、悪魔やその眷属のこのような、あるいはこれと似た奸策によって愚弄されても、聖ペテロの自信にみちた決然たる告白に報《むく》いて言った主[21]の御告げを黙考すると、慰められるのである。

「汝はペテロなり、われはこの盤《いわ》の上にわが教会を建てん。黄泉《よみ》の門はこれに勝たざるべし」と。(つまりかかる危険と邪悪が無辺にはびこる時代にすら、ペテロ教会が揺ぎなく、盤石《ばんじゃく》のものとして残るべしという御告げである)

競争者同士の間では嫉妬心がいつも激しく燃えるので、ローマにおいても一廉《ひとかど》の人物ならばみな、ローマの司教座に時を得て選ばれた人をいつも嫉《そね》み、いやむしろ敵視するのが年来の仕来りであり、慣例であった。

ここから事件が起こったのである。ローマ司教座への嫉妬心から目の眩んだ者たちが、今は亡き教皇レオに――彼についてはすでに述べたが――致命的な罪を着せ、盲人にしようと襲いかかった。しかし彼らは神の摂理に脅かされ妨《さまた》げられて、教皇の目玉をえぐりとることができなくて、目玉の真中に剃刀の刃で深い傷を与えたにすぎない。

教皇はこのことを、こっそりと自分の召使を通じてコンスタンティノポリスのミカヘルス皇帝へ報せると、皇帝はこう答えて、教皇から援助の手段をことごとく奪った。「かのローマ教皇は、自分の王国を、しかもわれわれのより偉れた王国を持っている。彼は自らの手で自らの敵に復讐したらいいのだ」と。

そこで神の摂理に従って聖レオは、今や厳然たる事実として、多くの民族の指導者であり皇帝であった常勝不敗のカロルスに、「皇帝カエサル・アウグストゥス」の名称までも、教皇の権威に基き、いっそう晴れがましく受け取るために、ローマへ来るように要請した。

カロルスは絶えず遠征や周辺の国々との戦闘に没頭していて、自分がローマに呼ばれた理由を深くわきまえず、ただちに側近の武装兵と小姓の一団を従え、世界の頭《かしら》がかつての世界の頭へ急遽《きゆうきよ》赴いた。

腐敗堕落したローマ市民は予期せざるカロルスの突然の到着を知り、雀が名を呼ばれるといつも主人の前からこそこそと身を隠すように、あちこちの隠れ場や地下室や避難所へ姿を晦《くら》ましてしまった。彼らはしかし、この空の下で王の不退転の決意と英明から逃げ通せなかった。捕えられ鎖をかけられ、聖ペテロの聖堂へ連行された。

その教会で犯し難い教皇レオは、われらが主イエス・キリストの福音書を手にとり、自分の頭の上におくと、カロルス並びに彼の兵士の前で、さらに彼を迫害した者らも居合せる前で、このような言葉で誓った。「偉大な判決の日に、私がこの福音に関与するようにそれほど明白に、その者らが偽って私に着せた罪から私は潔白です」[22]

ついで畏怖すべきカロルスが自分の家来に言った。「彼らを一人も逃してはならぬ」この後ですべての者が捕えられ、さまざまの死によって、あるいは終身追放によって処罰された。

さて、王が軍隊の英気を養うため同じ所に数日間逗留していたとき、教皇は、近隣諸地方から出来るだけたくさんの司教を召集し、彼ら司教や誉れ高きカロルス輩下の常勝不敗の伯たちの居並ぶ前で、全く予想だにしていなかった王を「ローマ皇帝」と呼び、「ローマ教会の庇護者」と宣言した。

かかる配慮は、神の摂理によるものと信じたので、王はこれを断ることができなかった。しかし喜んで承認したわけではない。というのもギリシア人がこれまで以上に深い嫉妬心を燃やし、フランキア王国に対し何か不利益な工作を仕掛けるだろう、いやむしろその頃噂されていたように、カロルスが不意にやって来てギリシア人の王国をおのれの支配下に収めるのではないかと、いっそう警戒心を強め対策を講ずるだろうと案じたからである。

なかんずく、次のようなことが起こっていたからでもある。ずっと以前のこと、ビザンティウムの使節がカロルスのもとを訪れ、彼らの主君の言葉として「カロルスが予の忠実な友でありたいと願うならば、そしてもっと近くにおれば、息子の如く養い、彼の窮状を軽減してやる気にもなろうに」と伝えたとき、さすがに寛大な王カロルスも無念の炎を燃やし、胸の中におのれを抑えきれず、このような言葉を爆発させていた。

「[23]われわれの間に、あの渦巻海峡《グルギトウス》がなければなあ。われわれは東方の財宝を分け合っているだろうに。あるいは平等に関与し共同して管理しているだろう」

[24]これはアフリカの貧しさについて何も知らない人が、いつもアフリカの王について語っているのと同じような話である。

健康を恵み平癒をもたらす神は、至福者レオ教皇の潔白を認めると、あの処罰に価する残酷きわまりない切り傷のあと、以前にもましてよく見える目を贈ったのである。もっとも非常に細い糸の如き美しい傷跡が彼の美徳の象徴として、山鳩の目を雪白の輝きで飾っていた。

〔27〕　無智蒙昧な輩が、私を無学と非難しないように弁明しておく。先に至高至善の

皇帝の言葉として、われわれとギリシア人との間には、彼が「渦巻海峡」の名で呼んだ海があると伝えたのであるが、その頃はまだフニ族やブルガレス人やその他の多くの野蕃な民族が外部から侵されずに、完全無欠な姿でギリシアへの陸路を遮断していたことは、いやしくも知識人たらんと欲する人はみな知っている筈である。

その後、尚武の気象を崇ぶカロルスは、これらの民族を、たとえばスクラウィ人、ブルガレス人の全部族の如く平定したし、あるいは、たとえば鉄か鋼鉄《はがね》の子孫であるフニ族の名前の如く、徹底的に根絶やしたのである。

これらの民族について、やがて述べるであろうが、その前にカエサル・アウグストゥス・皇帝カロルスが、アクアスグラニにおいて賢者サロモンの手本を倣い、神のためあるいは自分のため、あるいはすべての司教や修道院長や伯のため、また世界中から訪れる客人のために建てた驚嘆すべき様々の建築物について、最小限のことを簡潔に述べてみたい。

〔28〕精気みなぎる皇帝カロルスは、国内にいくらかでも平穏無事が保たれていたときは、いつも暇にまかせて怠惰に暮らすことを欲せず、神への奉仕に汗することを願い、自ら設計して生誕の地にローマの古代建築物よりも優れた聖堂を建てようと思いたち、短期間でこの誓願をなし遂げて歓喜に浸《ひた》った。

この工事のため、地中海より北にかけての全地域から建築に関するあらゆる技術の工匠や職人・大工を召集した。王はこの者らの頭領として、こうした工事の完成に経験の最も豊かな修道院長を、その者の老獪さも知らずに任命した。

やがて彼は、アウグストゥスがどこかへ行って居なくなると、賄賂を受けとり希望者を故里へ帰らせていた。しかし自分を買収できない者や、あるいは工匠から自由の身にされなかった者には、かつてエジプト人が神の民によこしまな役務を課して苦しめたごとく、残酷な労働を押しつけ、少しの休息も決して許さなかった。

このような卑劣な詐欺で、くだんの修道院長は計り知れぬ金銀や絹の着物をかき集め、部屋には安物を見せびらかし、高価な品々はみな金庫や箱の中に仕舞い込み、人目から隠していた。

みよ、突然通報者から彼の家が燃えていると告げられる。興奮して駆け戻り、紅蓮《ぐれん》の炎と火玉の間をくぐり、黄金をつめた箱の置いてある部屋に飛び込む。持ち出すのに一箱だけで満足せず、両肩に一つずつ担い外へ出した。

そのとき一本の梁《はり》が猛火に屈して彼の上に落ち、肉体を地上の焔《ほむら》で焼きつくし、(25)「人の吹きおこせしにあらざる火」の中へ魂を送った。

こうして神の裁定《さばき》は敬神の念篤《あつ》きカロルスのため、彼が王国の統治に心を奪われて少しも気づかなかったとき、不眠《ねず》の番をしていたのである。

〔29〕同じ土地に、青銅細工とガラス製品の技《わざ》にかけて抜群の工芸家がいた。この聖ガルス修道院のタンコ修道士は最も優れた鐘を造り、この鐘の音に、カエサルが一方《ひとかた》ならず驚嘆したとき、あの最も傑出した、しかし最も運の悪い青銅細工の師匠は言った。

「皇帝、主君よ、私の家に多量の粗銅を運ばせて下さい。それを精錬して純銅にします。そして錫の代りに銀を必要量だけ、少なくとも百リブラ与えて下さい。皇帝のため、この鐘と比較すると、これが黙り込むほど立派な鐘を造ってみせましょう」するとと諸王のうち最も気前よく、財貨が溢れていても財貨に気をかけぬカロルスは、ごくあっさりと要求されたものをすべて目の前におかせた。

哀れな職人はこれを手にすると喜び勇んで退去し、たしかに粗銅を鎔かし精錬した。しかしこの中へ銀の代りに最も純粋な錫を鎔かし込み、この不純な合金からあの最高の鐘よりもさらに素晴しい鐘を短期間にこしらえ、その音を試してからカエサルに献上した。

カロルスは、比倫を絶した美しい形を十二分に賞讃し、その中に鉄の鐘舌をとりつけ、鐘楼に吊すように命じた。ただちにその通りにされると、教会の番人やその他の助任司祭が、さらに彷徨巡歴の若者らも次々と側に近寄り、鐘をならそうと試みたが、どうしても音が出なかった。

ついにこの鐘の鋳造者、前代未聞の奸策の考案者は、腹を立て自ら綱を手にとりひっぱって鐘をついた。

するとみよ、内側の鉄の鐘舌がはずれ、彼の不正行為と脳天をめがけて落下し、瞬時に息《こと》切れた死体を貫き、内臓や睾丸と一緒に地上にぶつかった。

先に述べた百リブラの銀が見つかると、公正無比のカロルスは、それを貧しい宮廷人に配るように命じた。

〔30〕その頃は、皇帝が橋梁や船舶や徒渉場の建設にせよ、あるいは土手道の清掃、舗装・修理にせよ、何か工事を命ずるたびに、いつも伯が小規模の仕事に限り代官か下役人を通じて竣工させるのが慣例となっていた。

大工事や特に新しい建造物の場合、いかなる大公も伯も司教も修道院長も、いかなる理由にせよ、ともかくこの負担を免除されなかった。

この慣習の実例が、マゴンティアクムの太鼓《たいこ》大橋である。この橋は[26]全ヨーロッパが一致協力し、秩序正しく工事を分担して、完成させたものである。しかし、船を渡して不正な儲けを盗みとろうと企てた悪漢どもの陰謀により、この橋は破壊されてしまった。

もし教会が王固有の権限に属していて、これを天井の鏡板や壁絵で飾る場合、隣接する教区の司教や修道院長がその面倒をみた。新しい教会を建立せねばならぬとき、すべての司教、大公、伯、そして修道院長や王直属の教会を管理している者は皆、そして公的な恩恵を享受している者もすべて、熱心に意気込み、奉仕して基底から屋根の天辺まで完成させた。

さらにアクアスグラニにおいては、このやり方が、神の家にばかりでなく人間の家にも認められた。

経験をつみ円熟したカロルスは、少しでも社会的地位のある人の邸宅はすべて、自分の計画通り宮殿を取り囲むように建てさせたので、宮殿の露台の手摺から、家々に出入りする人が誰からも見られていないかのように振舞っているのを、すべて見ることができた。のみならず貴族の屋敷はすべて屋根が高かったので、その軒下で騎士の家来や家来の下男のみならず、あらゆる通行人が雨や雪の害、氷や暑さを凌ぐことができたが、眼光鋭いカロルスの目から身を隠すことはできなかった。このような建築物についての記述は退職した宮廷書記長に残しておき、隠遁者たる私は、宮廷礼拝堂についてなされた神の裁定の説明にたち帰ることにしよう。

〔31〕 さて先見の明のあるカロルスは、近くの領地に封じていた貴族に、自分の雇った職人をあらゆる手段をつくして熱心に援助し、宮廷礼拝堂の工事に必要な資材をすべて調達するように努めよと命じた。

遠方の地からやって来ていた職人の世話は、帝室管理長リュトフリドゥスと呼ぶ人に任し、公費で彼らの食事や衣服を賄い、この建設工事に関することは一切手際よく捌くように、絶えず努力せよと命じた。

管理長はこの指示を、王が同じアクアスグラニの町にいる間はなんとか守っていたが、留守にすると、全く無視した。この管理長は哀れな職人を酷使し、莫大な財産を蓄えたので、この泡銭《あぶくぜに》を地界の神々プルトンやディスが駱駝《らくだ》にのせなければ地獄へ運べないほどであった。

このことは、次のようにして世間に知れたのである。

英名轟くカロルスは、未明の讃歌にいつも、ゆるやかに足まで垂れる長い外套《パッリウム》を羽織っていた。もっとも今日ではこのパッリウムの名前も着用も廃《すた》れてしまったが。

この早暁の讃美歌をうたい終わると、状況に応じて皇帝は正装で身を飾るため、自分の部屋に帰った。しかし聖職者はみな、すでに身支度をしてこの夜明け前の聖務に来ていたので、その間、教会の中や当時外庭《クルティクラ》と呼ばれていた柱廊で、ミサ聖祭にやってくる皇帝を、眠らずに待っていた。睡眠を必要とした者は、しばらくの間、同僚の胸に頭をもたせかけて休んだ。

そういうわけで先述のリュトフリドゥスの屋敷へ着物を、いや襤褸《ぼろ》を、まるで宮廷に仕える貧乏人が必要とするかのごとく、洗濯したり繕《つくろ》ったりするためにひんぱんに出入りしていた貧乏な聖職者も、仲間の膝の上で眠っていると、このような夢をみたのである。

あの聖アントニウスを誘惑した悪魔よりも背の高い巨人が、宮廷の中庭を出て、小川の上の橋をわたり、管理長の家へ急いでいる。図体の大きな駱駝が、計りきれない量の荷物で押し潰されながら、先の方へ曳かれて行く。夢の中で魂消て、巨人に尋ねた。「どの方面からきて、どこへ行こうとするのか」。彼は答えた。「王の宮殿を出て、リュトフリドゥスの屋敷に向っているところだ。奴をこの荷物の上に積み、これらと一緒に地獄へ沈めるためだ」

この夢から覚めると、その聖職者は恭敬措《お》くあたわざるカロルスから眠っていた姿を見られたのではないかと、いっそう大きな恐怖に襲われ、やがて頭を起こし、他の聖職者らに眠らぬように呼びかけ、突然こう話しかけた。

「いま見た夢を話して聞かせようか。地上を歩いていて天上の星を手で叩き、イオニア海の真中に立っていて腰も濡らさぬあのポリペムスが、荷物を積んだ駱駝と一緒に、この宮殿中庭から、リュトフリドゥスの家へ急いでいるのを夢の中でみた。そこで旅の目的を尋ねると、巨人は「リュトフリドゥスをこの荷の上にのせて、地獄へ連れて行くために急いでいるのだ」と言った」

この夢物語がまだ終わらぬうちに、誰もがよく知っている少女がリュトフリドゥスの家からやってきて、聖職者たちの足もとに身を投げ「私の大切なリュトフリドゥスの冥福を祈って下さい」と嘆願した。

彼らがその理由を尋ねると、娘は言った。「皆さん、彼は元気で便所へ出て行きました。そこにいつもより長くいるので、私どもは外へ出てみますと、彼が死んでいたのです」

彼の頓死を知らされ、職人やその他の召使が、彼の執念深い貪婪《どんらん》を、思いのたけぶちまけたので、皇帝は彼の財産を調査せよと命じた。

それが無尽の数量とわかって、神に次ぐ最も公正な裁判官は、この財産がいかに邪悪な手段で集積されたかを知ると、公の席で発言した。

「彼が不正に欺しとった財宝ならば、僅かでも彼の哀れな魂の救済に役立つことはない。そこでこの礼拝堂の造営に従事している人たちと、宮廷に仕える貧乏人の間で、分配するがよい」

〔32〕 同じ所で起こったもう二つの事件も述べておこう。ある助祭は、アルプスの北方住民の習慣に従い、[27]本性に反抗するのを常としていたので、風呂に入り自分の頭をきれいに剃り、肌を磨いた。爪をつみ、頭をろくろの上で廻したかの如く円く、しかも非常に短く髪を刈り、純白の亜麻の法衣と肌着をつけた。そして自分の番を避けることができなかったので、いやむしろ、このような姿でいっそう晴れがましく見えることを願い、すすんで最高の神と聖なる天使に向い、厳正な王と彼の貴族らの面前で、後に起こったことからわかったように、汚れた良心で大胆にも福音書を朗読しようとした。読みあげている最中、突然、一匹の蜘蛛が天井の鏡板から糸を伝って降り、彼の頭を打つとすばやく上へ引き返した。

峻厳なカロルスは、二度か三度見ていて、そのまま、そ知らぬ顔で放っておいた。聖職者は皇帝の手前を憚《はばか》って、敢えて自分の身を庇おうとしなかった。なによりも自分を攻めているのが蜘蛛ではなく、蠅《はえ》がうるさくつきまとっているのだと思っていたから、福音書を朗読し終え、残りの聖務を果たした。

しかし教会から外に出る間もなく、体が脹れだし一時間のうちに死んだ。敬虔の念の篤いカロルスは、見ていて防いでやらなかったといってまるで殺人犯のごとく公の前で懺悔し、われとわが身を罰したのである。

〔33〕 比倫を絶するカロルスは、あらゆる点で比類なき一人の聖職者を持っていた。この人について世間では、かつて何人についても言われなかったような噂がなされていた。つまり彼は世俗の学問や聖書の知識において、教会の讃美歌や吟遊詩人の歌の新しい作詩法や旋律法において、その上に朗々と響く非常に甘美な、筆舌に尽し難い陶酔感を与える声において、すべての人を凌駕していたからである。

しかし最も賢明な立法家モイゼ[28]すら、神から教え諭され、おのれのかぼそい声量や鈍い動きの舌の欠点について弁明し、そして「自分の中に住む神の権威にもとづいて、天体を統率する弟子ヨスエ」をエレアザルのもとに遣わして相談させたではないか。

またわが主イエス・キリストは、「[29]女の産みたる者のうち、それより大いなる者は起こらざりき」と誓言したバプテスマのヨハネに対してすら、肉である間いかなる奇蹟も行うことを許さなかったではないか。

また主イエス・キリストは、父なる神の啓示からおのれを自覚するように願って、天の王国の鍵を与えていたペテロ[30]にすら、パウロの叡智に感嘆することを望んだではないか。

そして主は、誰よりも愛していた弟子[31]ヨハネを非常に畏怖せしめたために、ヨハネは主の墓地に敢えて入ろうとしなかったほどである、臆病な女たちが、しばしばそこを訪ねていたというのに。

(32)聖書に「有《も》てる人はすべてあたえられん」と書かれているごとく、右の人たちは誰から与えて貰ったかを知っていたので、持っていなかったものまでも手に入れたのである。

ところが、上記の天下無比の人は、どこから持つに至ったかを知らず、知っていても贈物をもたらす人に相応の感謝を捧げなかったので、なにもかも一挙に失ったのである。というのも、彼がわれこそいちばん懇意だといわんばかりに、栄誉に燦然と輝くカエサルと並び立った途端、彼の姿は忽焉と消えた。この信じ難い前代未聞の現象に、常勝不敗の皇帝カロルスは呆然自失し、やっと我をとり戻して主の十字を切ると、彼の立っていたところに、たった今火の消えたばかりの炭の如き汚穢《おわい》が見つかった。

〔34〕アウグストゥスが、未明に着たあのゆったりと長く垂れた外衣(33)が、私の話題をまだ戦争や遠征から遠ざけるのである。

古代の(34)フランキ人の装身具や武具は、次のようなものであった。

三クビトゥムの革紐で飾られ外面に金をきせた靴、朱色に染めた脚絆、この下に同じ色で非常に凝った刺繡で変化のある亜麻布の下穿きか半下穿き、この下穿きや脚絆の上に内側も外側も前面も後面も非常に長い革紐が十字に交差し、はりめぐらされていた。

ついで光沢のある亜麻布の肌着、その上に剣帯が締められていた。剣は先ず鞘の中におさめ、次いでそれをどんな獣《けもの》であれ、その皮で被い、三番目に蠟で丈夫に固められて白く輝く亜麻布で包み、その真中に浮き出された十字の印で異教徒の攻撃から身を守っていた。彼らが最後につける着物は、一対の白色か、青色の方形の外衣である。それは肩にのせたとき、体の前後で足までとどき、左右両側では、やっと膝まで届くぐらいの長さであった。

それから杖は、りんごの木から作られ、一様な瘤《こぶ》で人目をひく、堅牢で侮り難い武器であった。その尖端に像を彫んだ金か銀製の握りがついていて、右手に持って運ばれていた。

このような身形で異彩を放つ(35)フランキ人の頭《かしら》を、――私はのろまで亀よりも遅く、いまだかつてフランキアに行ったことがないので――聖ガルス修道院で見たことがある。王の股から黄金の花びらをつけた二本の花枝が突き出ていた。そのうち王の前を進んでいた花枝は、王の背丈に等しかった。後の花枝はゆったりと伸びて、自分の胴の天辺を最高の光栄で飾り、その上を越えながら庇っていた。

さてフランキ人は、ガリア人と一緒に戦っていて、縞模様の小外套を羽織ってまばゆく輝くガリア人を見て魅せられると、人間の習性の常として、新奇を歓迎し古い習慣を捨て、ガリア人の模倣を始めた。

きわめて厳格な皇帝も、この服装が戦場ではいっそう適わしいと思ったので、しばらくの間これを黙認していた。しかしフレソネス人がこの放任を悪用しているのに気づき、そしてあのガリア風の短小外套を、従来の長外套と同じ値段で売りつけているのを知ったとき、カロルスは、「何人もフレソネス人から、あの堂々たる広い長外套以外は、いつもの値段で買ってはならない」と命じてこう付言した。

「あの小さな外套が何の役に立つというのか。あれでは寝台の上で体を被うことも、馬にのって風雨を防ぐこともできない。自然の欲求のため、人前から立ち去ったときでも、尻が凍えて風邪をひいてしまうのだ」

跋[36]

この小品の序言[37]で私は、ただ三つの典拠に従うことを約束した。しかし、そのうち最も重要な典拠たるヴェリンベルトゥスが今から七日前にこの世を去り、本日つまり五月三十日（八八四年）に、われわれ遺子や弟子は、追悼記念式を捧げねばならない。そこで今は亡きこの聖職者の口述にもとづき、主君カロルスの敬虔篤信と、教会への配慮喜捨について筆を起こしたこの第一巻を、終えることにする。

次の巻は勇猛果敢なカロルスの戦績に関して、先と同じヴェリンベルトゥスの父であるアダルベルトゥスの談話をもとに作られるだろう。この者は主君ケロルドゥスの麾下《きか》にあって、フニ族やサクソニア人やスクラウィ人との戦闘に立ち合い、もう相当な年配に達してから、幼い私を育ててくれた。私が反撥し、しばしば逃げ回ると、ついに腕ずくで強制し、これらの戦争の話をして聞かせたものである。

第二巻

〔1〕　私は今から世俗の、しかも書物から学んだ経験のない人の話から、一巻の書物を著わすにあたって、先ず先人の著述を信頼し、古いことを少し記憶に呼び起こすことは、あながち不適当ではあるまい。

神に恨まれた背教者ユリアヌスが、ペルシア戦争の最中天誅により命を奪われ、ローマ人の王国から海の彼方の属州ばかりか、隣接するパンノニア、ノリクス、レティア、ゲルマニアが、そしてフランキ人やガリア人が離叛して以来、そしてガリア人やフランキ人の王たちも、ウィエンナの司教聖デシデリウスを殺害し、さらに外国からの最も神聖な宣教者、つまり聖者コルンバヌスとガルスを国外に追放したために、没落し始めると、フニ族が先ずフランキアやアクイタニアの掠奪を、あるいはガリアやヒスパニアの掠奪を常習とするに至り、やがて全地域を一斉に襲い燎原の火の如く、ことごとく破壊し尽し、もとの姿をとどめることのできた残存物は、安全確実な隠れ場へ運び込んだ。

　その隠れ場は、上述のアダルベルトゥスがいつも私に話していた所によると、およそこのようなものであった。

「フニ族の土地は九重の輪垣に囲まれていた」と彼が言ったとき、私には枝編細工の輪垣しか考えられなかったので尋ねてみた。「さて、その不思議な代物はいかなるものでしたか」。彼は「そこは九重の生垣で固められていた」と答えた。それも畠の周りを取り巻いている、ごくありふれた生垣以外のものは知らなかったので、このものについて尋ねると、彼は言った。

「一つの輪垣は非常に大きく、たとえばトゥリクム城砦からコンスタンティアまでの広い空間を、その中に包み込むほど広大であった。輪垣は樫の丸木や橅《ぶな》や樅《もみ》の丸木から構築され、その幅は端から端まで二〇ペースに及び、その背丈も幅と同じくらいであった。構築物の中の隙間という隙間はすべて、鉄の如く堅い岩石か、粘着力の強い陶土でぎっしりつまっていた。

　これらの堡塁の表面は、新鮮で丈夫な芝土で蔽《おお》われて、この芝土の両端の間に灌木が植えられていた。この灌木はよく見かけるように、伐り取っても前へ倒しても、幹や葉の黒い茂みが遮蔽の役を果たすのだ。

さて、これら堡塁相互の間に村落や農地が、ちょうど部落から部落へ人の声が届くように配置されていた。これら家々と向き合って、あの難攻不落の防塞の中に狭い出入口が設けてあった。掠奪に赴くときは、いつも外周の輪垣の人ばかりでなく、内奥の人もこの戸口を通って出入りしていた。

最初の輪垣と同様な仕組で構築された第二の輪垣から、第三の輪垣までの間隔は二〇テゥトニカ・マイル、つまり四〇イタリア・マイルであった。

第九の輪垣まで間隔は等しく保たれていたが、輪垣自体は一つずつ大幅に縮小されていた。輪垣と輪垣の間の田畠や住居は、それぞれがどの方向へも合図のラッパを吹き鳴らし、いかなる情報も伝えられるように布置されていた。

彼らは、ゴーティ人やヴァンダリ人が人類の平和を攪乱していたとき、二百年間もそれ以上にもわたって全西欧のあらゆる財宝を、この防壁の中へ蓄積し、西欧世界をほとんど空《から》にしてしまったのである。

さて常勝不敗のカロルスはこのフニ族を八年かかって征服し、彼らが少しでも生き残るのを認めないくらい完膚なきまでに圧殺した。しかしブルガレス人からは手をひいた。フニ族が絶えると、彼らがフランキア王国を害する恐れは、全くなくなったと思われたからである。

次にパンノニアで得た戦利品は、司教区や修道院へ、大変に気前よく分けられた。

〔2〕サクソネス人との戦争においてカロルスは、相当の期間これに心を奪われていたが、幾(1)人かの私兵が——その人たちの名前を私はあげたであろう、不遜との非難を避けたくなかったら——亀甲状隊を編成し、要害堅固な町の城壁や堡塁を徹底的に破壊した。

これを見て公平無私のカロルスは、私兵隊の頭《かしら》を、この者の主君ケロルドゥスの承諾を得て、レヌス川とイタリア・アルプスの間の領地の伯とした。

〔3〕同じ戦争で二人の大公の息子が、王の司令部の前で夜警番にあたっていたのに酒に酔いつぶれ死人も同然に寝ていたとき、王は年来の習慣からたびたび夜中に起きて陣営を一巡し、ほとんど誰にも気づかれないように、こっそり天幕に帰った。

夜が明けると、王国の貴族を全員、自分の所に召集して「フランキ人の頭を敵の手に売り渡した者は、いかなる罰に相当するか」と尋ねた。

先に述べた大公たちは、右の事件を全く知らず、「そんな奴は死刑に処すべきだ」と主張した。しかし王は二人の若者を厳しい言葉で叱責し、無傷のまま釈放した。

〔4〕同じ戦いに、コルンバリアの遊郭で生れた二人の私生児も加わっていた。二人が勇敢に奮闘したあと、皇帝は「何者で、どこの生れか」と尋ねた。それを知ると、

王は正午に二人を自分の天幕に呼び、こう話しかけた。

「天晴れな若者よ。他の者にではなく、予に仕えてくれ」

二人が「われわれは最も低い地位で、あなたに忠誠を尽すつもりで、ここに参りました」と断言すると、王は言った。「予の部屋で奉仕すべきである」

二人は無念の思いを隠し「喜んでその務めを果たします」と答えたものの、皇帝が眠り始めると、その機会をとらえ天幕から出て敵の陣営に赴き、混乱におとしいれ、自分のや敵の血で、奴隷の身の汚名を濯《すす》いだ。

〔5〕このような戦争に専念していても、度量の広い皇帝は、機会を決して逃さずに、遥か遠い国々の王に、次々と使節を遣わし、書状や贈物を送り届けていた。この使節を通じて、これらすべての地域から皇帝に敬意のこもった礼状が返された。

そういうわけで皇帝は、サクソネス人と戦っていた現地からも、コンスタンティノポリスの王の許へ使者を送ったものである。すると王は「予の息子カロルスの王国は、平穏無事であるか、辺境の部族から襲撃されてはいないか」と尋ねた。使節団の首席は、「他の地域はすべて平和でありますが、ただサクソネスと呼ばれる民族だけが、頻々と略奪を重ね、フランキアの国境の治安を乱しています」と報告すると、安逸の中で惚《ほう》けた人、こと戦争にかけては全く能無しは、こう言った。

「おやおや、予の息子は、全く無名の、からきし勇気のない、ごく少数の部族を敵にまわして、なぜ苦労するのか。あのサクソネス人とその部族の所有物を一切、予は与えてやるぞ」

使者が帰ってこの話を勇敢無比のカロルスに告げると、皇帝は呵々大笑し、「あの王は、おまえらの大変な長旅のために亜麻布の下穿き一着でも、恵んでくれたら、その方が遥かにおまえらのためを思ってくれたことになろうに」と言った。

〔6〕 上述と同じ使節が、賢人の国ギリシアへ派遣されたときに見せた機智は、披露すべきであろう。

使者がある年の秋の候、そのころギリシアの王国に属していたある町を一行と共に訪れたさい、仲間と別々になり、彼自身はある司教の家に推薦されて泊った。ところがこの司教は、常住不断祈禱と絶食に没頭して、かの使者にもほとんどいつも食事を与えずに苦しめた。

しかし、暖い春の陽光がいまや少しばかり微笑みかけたとき、司教は彼を王に紹介した。

王は彼に尋ねた。「そなたに司教はどんな人に思えたか」と。使者は心の底から深く嘆息して答えた。「あなたのあの司教は、神なくしてあり得る最も神聖なお方です」

この答に大そう驚いて、王は尋ねた。「神なくして、一体誰が神聖たり得ようか」

そこで彼は言った。「聖書に書かれています。(2) 神は愛《カリタース》なりと。司教にはその愛が欠けています」

それから王は彼を宮廷の饗宴に招き、貴族の真中に席をとらせた。

その国では王の饗宴に連なる者は、土着の者であろうと外来客であろうと、どんな動物でも獣の肉でも、食卓に供された通り、ひっくりかえさず、上向きの部分から食べねばならぬという不文律が定められていた。

さて香辛料を一杯つめた川魚が、皿にのせて出された。くだんの客人はこの土地の仕来りを知らず、魚を裏返しにすると、居並ぶ客が一斉に立ち上り、王に言った。「主君、あなたはかつて、あなたの先祖が体験されなかったような無礼な仕打ちを受けたのです」

そこで王は、呻吟しながらかの使者に向い「そなたはただちに死ぬべきだという彼らの主張に、予は反対できない。これより外のことならば、そなたの要求を、なんでも叶えて進ぜよう」

すると彼は暫く考えてから、聞きすませていた皆の耳に、このような言葉を投げかけた。「主君よ、皇帝、お願いです。あなたのお約束通り、たった一つ、ささやかな要求を叶えて下さい」

そこで王は、「そなたの欲するものは、なんなりと申してみよ、その望みは叶えられよう、ただしギリシア人の掟に反して、そなたの命を救ってやることだけはできないが」と言った。

すると彼は「死に臨み、この一つだけ切望します。私があの魚を裏返している所を見た人はみな、両方の目玉をえぐりとって貰いたいのです」

王は、この提案に魂も消えんばかりに驚いて、キリストにかけて誓った。「そんな場面は目にしなかった。さように申し立てた者を信じたにすぎないのだ」

続いて王妃も、このように自己弁解を始めた。「麗しき神の御母、聖マリアさまに誓って申します。そんな場面は、見ませんでした」

このあと残りの貴族も、この危機から逃れようと次から次へと、これは天国の鍵の番人にかけて、かれは異邦人を教える博士に、他の者は天使の徳や全聖者の群にかけて、恐るべき誓約をなし、目の被害からおのれを救おうと懸命になった。

こうしてかのフランキア生れの賢人は、虚栄心の強いギリシア人をその本拠地で打ちのめし、勝利者となって、恙なく祖国に帰ってきた。

それから数年後に、またかの地へ、忍耐強いカロルスは身心共に卓越した司教を派遺し、その仲間として大変に高貴な生れの大公を同行させた。

二人は長い間待たされた揚句、やっと王の面前に通され、不当にあしらわれてから、非常に辺鄙な所へ別々に送り込まれた。しかし遂にある日、解放されると船旅や陸路に多額の費用をかけて帰って来た。

その後間もなく、先のギリシアの王が自分の使節を、誉れ高きカロルスのもとへ差し向けた。そのとき、たまたま上述の大公と一緒に同じ司教が、皇帝の側《そば》に控えていた。

そこで使節到来の報に接すると、二人は英明なカロルスに進言した。「使節に、アルプス山岳地帯や道なき荒野を遠廻りさせ、なにもかも磨《す》り減らし使い果たし、困窮し疲労するように強いた後で、あなたの謁見を許してやるべきです」

いよいよ彼らが到着すると、同じ司教と彼の共謀者は、厩舎頭《きゅうしゃがしら》を皇帝以外の人とは到底思えないように、輩下の馬丁たちの真中に据え、高い玉座に坐らせた。使節は彼を見た途端、床土に平伏し礼拝しようとした。しかし宮廷の召使に追いたてられ、もっと先へ進むように強制された。

そこへやってくると、宮中伯が貴族の真中にいて会議を主宰しているのを見て、皇帝と勘違いし、床土の上に身を投げた。側にいた者が「この人は皇帝ではない」と言って、拳で彼らの頬をなぐり、さらに先へ急がした。

もっと先へ進むと、着飾った召使と一緒にいる宮廷料理長を見つけて、皇帝と思い地上に身をころがした。

そこからも追いたてられて皇帝の寝室係が頭《かしら》をとり囲み会合を持っているのを見ると、この人こそ疑いもなく人類の元首の筈だと考えた。しかし彼は皇帝ではなかったので、そう返事して「宮廷の中枢に働きかけ、できればあなた方が、気高い皇帝の謁見を許されるように努めます」と受けあった。

するとカエサルの側近が、彼らを礼儀正しく案内するように遣わされてきた。諸王のうち最も誉れ高きカロルスは、明るく輝く窓の側に立ち、あたかも日の出の時の太陽の如く光線を放ち、宝石と黄金で衆目をあつめ、ヘイトの肩に手をもたせかけていた。

これこそ、かつてコンスタンティノポリスに派遣された司教の名であった。

皇帝の周囲を天上の兵士の如く取り巻いて立っていたのは、すでに王権の分有を認められていた三人の若い息子と、真珠の首飾りに劣らず才智と美貌によって飾られていた娘たちとその母、容姿と美徳において比類なき司教たち、尊貴と清浄とで秀でていた修道院長たち、かつてガルガラ(3)の陣営に姿を現わしたヨスアの如き将軍たち、サマリアの地からアシリア人とシュリア人を敗走させたような兵たち。

もしダヴィドがこの中にいたら、こううたったとしても不思議ではなかっただろう。

「(4)地の王たち、もろもろのたみ、地の諸侯《きみたち》よ、地のもろもろの審士《さばきびと》よ、若きおのこ、若きおみな、老いたる人、おさなきもの、皆《みな》主のみ名をほめたとうべし」

このときギリシアの使節は仰天し、思慮分別も言葉も無くし、失神して床石の上に倒れた。

仁慈深い皇帝は、彼らを立たせてから慰めの言葉をかけ、元気づけようと試みた。こうしてやっと気力を取り戻した彼らは、かつて侮り卑しめていたヘイトがこのような栄光の座にいるのを見た途端、再び恐怖の念に襲われ地上に転《まろ》び伏せ、王が天上の王にかけて、「予はそなたらに悪いことは一切しない」と誓うまで、ずっと面をあげなかった。この保証によって勇気づけられると、少し自信を抱いて行動を始めたのである。

彼らは祖国に帰ると、二度とわれわれの国へやって来ようとはしなかった。ここで改めて赫々と照り映えるカロルスが、あらゆる分野でいかに賢明な人たちを擁していたかに深く思いを致すべきであろう。
〔7〕さて、ギリシアの使節が公現祭から八日目に、皇帝のため朝の讃歌を唱《とな》えたあ

と、内輪で彼らの自国語により、神への讃歌をうたった。これを近くに隠れて聞いていた皇帝は歌の甘美な旋律にうっとりとして、早速帝室の聖職者に命じた。[5]「あのギリシア語の交誦《アンティフォーナ》をラテン語に訳して、予に見せてくれ。その前に食事は一切とってはならぬ」

その結果、交誦はすべてギリシアのそれと同じ文句となり、その中のある句で従来の contrivit が conteruit に変えられたことがわかるのである。[6]

同じ使節があらゆる種類の楽器を、しかも形状や組立の変わった楽器を持ってきた。英明なカロルスの職人たちは、これらの楽器をすべて見て見ぬふりをしながら注意深く観察し、原物そっくりのものをつくりあげた。なかでも特に比倫を絶した楽器は、青銅製の空気箱が一杯となって皮製送風器から青銅管へ風が送り込まれると、不思議なことに、大きな雷鳴の如き轟音をとどろかせ、また竪琴や打楽器の囀りの如き、甘美な音をひびかせるオルガンであった。

このオルガンが、どの教会に据えつけられ、どれだけの期間保存され、それがどのようにして亡びて行ったか、そのようなことをここで述べる余裕もなければ、その場所でもない。

〔8〕 同じ頃ペルシア人の使節も、彼のところへ派遣されてきた。フランキアの位置

を知らない彼らは、イタリアの海岸に上陸できたとき、大いに喜んだ。というのも、ローマの名声は世界中にとどろきわたっていたし、そこを当時カロルスが治めていることは、彼らも知っていたからである。

彼らは、カンパニアでもトゥスキアでも、アエミリアエやリグリア、またブルグンディアやガリアの土地でも、司教や修道院長や伯に対し来訪の理由を伝えたとき、司教たちから内緒に応対されるか、あるいはすげなく門前払いされ、こうして一年の月日が巡ったのち、やっとアクアスグラニの地に徳望高きカロルスを見つけたというわけである。

ペルシアの使者は四旬節の最後の週に到着した。このことは皇帝に報告されたが、彼らの謁見は、復活祭の前日までのばされた。

この日は特別重要な祝祭というわけで、冠絶するカロルスは、比類なき衣裳で身を飾ると、その昔全世界から畏怖されていた、かのペルシア人の使者らが案内されてくるように命じた。

彼らは世界に卓越したカロルスを見て、それまで王や皇帝をまるで見たことがなかったかのように、誰の前よりもいっそう畏怖し恐縮した。

カロルスは丁重に彼らを遇し、このような特権を与えて、豊かな気分にしてやる。

つまり、彼らがあたかもカロルスの息子の一人でもあるかの如く、行きたい所はどこへでも歩いて行き、どんなものでも一つ一つ見たり、なんでも求めたり尋ねたりする自由を与えたのである。

このために彼らは、欣喜雀躍として王の傍に寄り、しげしげとうち眺め王を礼讃し、東洋のあらゆる富よりも高く賞揚した。

彼らが帝室聖堂を巡る側廊に登って、そこから聖職者や俗人を見下すと、その度に何度も皇帝に近寄り、大喜びして高笑いを抑えきれずに拍手喝采して言った。

「われわれがこれまで見たのは粘土の人間ばかりでしたが、今こそ黄金の人間を見ました」

それから貴族の一人一人に近づき、衣服や武器の目新しさ、珍しさに感嘆しては、それ以上に驚嘆すべきアウグストゥスの所へ立ち戻っていた。

復活祭の前夜と、次の日曜日を王と一緒に教会の中で過したが、その聖日曜日には、世界一の長者カロルスの豪奢な饗宴に、フランキアやヨーロッパの貴族と共に招待された。

しかし彼らは、宴席の数々の奇蹟的な趣向に圧倒され、ほとんど何も口にせず、食卓から立ち上ったものである。

その翌日、曙の女神《アウロラ》がティトノスのサフラン色の臥床を後にし、朝日を地上に撒き散らしたとき、みよ、安息や閑暇に耐え難いカロルスは、バイソンや野牛の狩猟に森の中へ、ペルシアの使節を連れて行こうと準備した。彼らはあの巨大な獣を見て、強烈な戦慄に襲われ、背を向けて遁走した。

大胆不敵な英雄カロルスは、精悍な馬にまたがり、野牛の一頭に接近し、剣を抜き首を斬り落とそうと試みたが、その一撃は空しく、狂暴な野獣は角で王の木靴と脚絆《きゃはん》を裂き、その先端で軽く彼の足を突くや、動作を少し鈍らせ、致命傷をのがれて身悶えしながら樹木や岩石の阻《はば》む安全な峡谷へ逃げ去った。

主君への忠誠心から、ほとんど全員が自分の下穿きを脱ごうとしたが、カロルスは皆を制して言った。

「予は、このままの姿でヒルディガルダのもとへ帰らねばならないのだ」

さて、あなたの保護者オトマルスを迫害したあのヴァリヌスの息子イサムバルドは、その獣を追跡し、敢えて近くへ寄らず、遠くから槍を放ち、肩と喉の間を貫き心臓を突き刺すと、動悸のうっている獣を皇帝に引き渡した。

皇帝は、これに気づかないかの如く側近に死骸を残して家に帰り、王妃を呼び、引き裂かれた臑当《すねあて》を見せて言った。

「このような傷を負わせた敵から、予を救ってくれた者に、どんな処遇がふさわしいと思うか」と。

彼女は「どのような恩賞にも、価します」と答えると、皇帝はことの顚末を逐一話し、証拠として巨大な角を持参させ、王妃に涙を流させ胸を叩いて長嘆させた。王妃は皇帝をあのような危険から救った人が、当時憎悪されてすべての名誉を剝奪されていたあのイサムバルドであることを知ると、王の足元に身を投げ、彼から取り上げていたものをすべて返してやって下さいと懇願したばかりでなく、彼女自身も彼に贈物を恵んだのである。

さてペルシア人は、象と猿、香油と甘松香、さまざまの軟膏、香辛料、香料、種々の薬物を持ってきて皇帝に献上した。それは東方がすっかり空《から》となり、西方が一杯になったと思われるほど多量であった。

彼らが皇帝と次第に打ち解けて親しくなり始めたある日のこと、強い小麦ビールに酔って熱くなり、いつもより陽気にはしゃぎ、常に真摯と素面で武装しているカロルスをからかうかのように、こう問いかけた。

「皇帝、あなたの権力は誠に偉大です。しかしあなたの御威光は、東方の諸王国で取沙汰されている噂よりも遥かに軽いです」

これを聞くと心の奥底から湧いてきた憤りを誤魔化し、おどけて彼らに尋ねた。

「わが子らよ、なぜそんなことを申すのか。どうしてそなたらに、そう思えるのか」

そこで彼らは溯って、そもそもの発端から、地中海の北側の地方で身の上に起こったことを一部始終物語った。「われわれペルシア人は、いやメディア人でもアルメニア人でもインド人、パルティア人、エラミタエ人など、すべての東洋人は、われわれの支配者アーロンよりもあなたを一層恐れています。マケドニア人やギリシア人についていて、われわれに言えることは、何でしょうか。彼らが将来圧殺されると危惧しているのは、イオニア海の波濤よりも、むしろ今ではあなたの圧倒的な威力だということです。

われわれがそこを通って旅を続けてきました島々の住民は、あなたの宮廷で育てられ鴻大な恩恵に浴しているかの如く、あなたに忠誠を尽すことに敏速であり懸命でした。

ところが海のこちら側の貴族は、われわれの見たところ、あなたの面前だけで、それ以外の所では、あなたに充分な敬意を払っているとは思えません。というのもわれわれは異邦人であるが、あなたへの尊敬の念から――じっさいわれわれはあなたを尋ねていたのですから――われわれをいくらかでも親切に扱って貰いたいと要求したのに、彼らは救援の手を差しのべず、空身《からみ》のまま放り出したのです」

そこで皇帝は、ペルシアの使節がそこを通って旅をしてきた土地の伯や修道院長の全員から一切の名誉を剝奪した。司教には、莫大な額の罰金を課し、あるいはその他の刑に処した。

ペルシアの使節には、やさしい心遣いを示し、面目を充分に施してやってから、彼らの国境まで護送させたのである。

〔9〕アフリカの王の使節も、マルマリカのライオン、ヌミディアの熊、ヒベリアの暗赤色染料、チュロスの紫紅染料、同じアフリカのその他の珍しい土産物を携えて、カロルスを来訪した。

たいそう気前の良いカロルスは、不断の貧困不作から窮弊していたアフリカ王とリビュア人に、ヨーロッパの富、つまり穀物と葡萄酒とオリーブ油でそのとき報いたばかりでなく、生涯を通じていつも送りとどけ、暖い援助の手を差しのべ、いつまでも彼らを自分の忠実な従属者として保持し、彼らから馬鹿にできない貢税を受けとっていた。

さらにペルシアの皇帝にも堅忍不抜のアウグストゥスは、ヒスパニアの馬や騾馬、フレソネス製の白色・灰色・朱色・青色の外套——このような品物は、かの地では珍しく大変に尊重されていることを知っていた――、とくに敏捷と獰猛さとで人目をひいた犬――以前ペルシア王がライオンや虎を捕えたり追跡するため求めていたものである――を送った。

ペルシア王はいろいろの贈物を、まるで無視するかの如く一瞥《いちべつ》してから、フランキアの使節に「あの犬どもは、いつもどんな野獣や毛物と戦っているのか」と尋ねた。けしかけると、いきなりどんな獣にも噛みつき引き裂くという答えを得ると、「その言葉が本当か嘘か、やがて事実が証明してくれよう」と言った。

さてその翌日のこと、ライオンの姿を見て逃げまどう牧人の大きな喚き声が起こった。これがペルシア王の宮殿の中にまで聞えたとき、使節に言った。「フランキアの友よ、そなたらの馬にのれ。予の後からついて来い」

彼らは直ちに、まるで長旅の疲労も困苦もなかったかの如く、機敏に王の後を追った。ライオンの見える所までくると、遠く離れていたが、ペルシアの太守の中の太守は、「そなたらの犬をあのライオンへ向けてけしかけろ」と言う。彼らは命令に従い勇敢に突進し、ゲルマニア産の犬でペルシアのライオンを捕え、白兵戦用に鍛えた北国の鋼《はがね》の強靭な剣で刺し殺した。

これを見て、歴代の同名の王の中で最も勇敢な英雄アーロンは、この極めて些細な事件から、カロルスが聞きしに優る勇者であることを悟り、突然このような言葉でカロルスへの真摯な好意を吐露した。

「今こそ知ったぞ。予の兄弟カロルスについてかねて聞いていた噂が、いかに真実であるかを。じっさい彼は絶えず狩をし倦まず弛まず、体力と精神力を鍛え、この天が下の一切を制し馴らすことを日頃の習慣としているのだ。

そこで予は、このように熱心に努めて敬意を表してくれた彼に、一体どうすればそれに適わしい返礼ができるだろうか。あのアブラハム(7)に約束されヨスアに示された土地を、予が提供すれば彼はその地が広すぎて野蛮人の侵入から防ぐことができまい。たとい彼が鴻志から守り始めても、フランキア王国の辺境地域が、彼の統治から離叛するのではないかと心配だ。

それでも試しに、そうして彼の雅量に感謝したい。予はあの土地を譲って彼の支配に任そう。予は彼の代官としてその地を管理しよう。彼が思い立ったらいつでも、あるいは最適と判断したときはいつでも、予の所に使節を差し向けるがよい。すると予が、あの属州の最も忠実な徴税受請人であることを知るだろう」

このようにして詩人ウェルギリウスが不可能だとうたったこと、つまり「パルティ(8)ア人がアラル川の水を呑み、ゲルマニア人がティグリス川の水を飲むだろう」と言ったことが、じっさいに起こったのである。

このアラル川を、文献学者がどう解釈しようと、つまり彼らがこの川の位置を知らずに、レヌス川の支流と混同しようと、ロダヌス川の支流と解釈しようと、それは問題ではない。

ともかく、気概と精力に満ちたカロルスが孜々と対策を講じた結果、パルティアからゲルマニアへ、あるいはゲルマニアからパルティアへ向う彼の使節の出国も帰国も、アーロンの使節の出発も帰郷も、若者や少年や、老人にすら、可能であるばかりか、大変にやさしいことに見えたろう。

このことの証人として、私は全ゲルマニアを呼び出すことにしよう。

栄光に輝くあなたの父君フルドヴィクスの御代に、ゲルマニアの住民は王室所有地一ホーバにつき一デナリウスの税を収めるよう強制されたが、この金は、かの約束の聖地に住んでいたキリスト教徒の身分を解放するために寄附された、つまりこの気の毒な人たちは、あなたの曾祖父カロルスやあなたの祖父フルドヴィクスが昔その聖地を支配していたために、フルドヴィクスに哀訴したものである。
〔10〕このように、いままたま、礼讃の言葉もないほど立派なあなたの父君について名誉ある言及の機会が与えられたので、彼につき英明なカロルスが告白したという

世間周知の予言を、ここで思い起こしてみたい。

彼は父君の家でたいそう手厚く養育され、六歳のときにもう、六十歳の老人より賢いと見られて不思議でもなかったが、いかに甘い父といえども祖父カロルスの目の前に息子を連れ出せるとは、ほとんど思ってもみなかった。そこで少年をいつくしみ育てていた母親の手からとりあげて、皇帝の前でいかに真剣に、いかに謙虚に振舞い、あるいは質問されていかに答えるべきか、しかも自尊心を保つにはどうすべきかを教えたのである。

この後で彼を宮殿に連れて行った。最初の日か次の日に、皇帝は他の宮廷人の中に彼を認め、好奇心のあるまなざしで、じっと見つめてから「あの少年は誰の子か」と息子に尋ねた。

「私の子です。もし適わしいとお認め下されば、あなたの子でもあります」と答えると、皇帝は彼に向って「あの子を予の前に連れて来い」と命じた。

その通りにされたとき、温雅清朗たるアウグストゥスは、その可愛い少年に接吻してから、立っていたもとの位置に帰らせた。

彼は以後、自分の品位を自覚し、皇帝を除いて誰の背後に立つことも拒否し、心を落ち着け、優雅に振舞い、対等な資格で父の傍に立った。先見の明あるカロルスはこれを見て、自分の所へ息子のフルドヴィクスを呼び、こう命じた。「この子に自分の家名を尋ね、なぜあのように振舞ったか、いかなる自信から自分と父親を対等と考えたか問うてみよ」と。

彼は至極もっともな答を返した。

「私があなたの封臣であった頃は、当然そうすべきであったように、あなたの後に戦友と一緒に立っていました。今はしかし、あなたの同僚で戦友ですから、あなたと対等に振舞って当然です」

この返答をフルドヴィクスが伝えると、皇帝は次のような見解を披露した。

「そなたの子は将来、偉大な何ものかになろう」

これはアンブロシウスについて言われた言葉で、私が借用したのである。カロルスの言葉はそのまま正確にラテン語へ訳せないからである。それに偉大な聖アンブロシウスに関する予言をフルドヴィクスに転用しても、あながち不当ではあるまい。じっさい、これなくして地上の国家も存続しなかったであろう彼の行為や業績、つまり結婚と武器の行使を除くと、二人はあらゆる点で非常によく似ているのであるから。しかも王国の指導力においても宗教への熱意においても、もしこう言えるなら、フルドヴィクスは多少ともアンブロシウスより偉大であったし、信仰の上でも正統信徒《カトリクス》で、格別敬虔な神の崇拝者で、キリストの召使の仲間でキリストの不撓不屈の保護者で防禦者であった。

さらに、このことも真実である。フルドヴィクスに忠実であるわが修道院長ハルトムトゥスが——もっとも今はあなたの隠修士ですが——、「聖ガルス修道院の貧しい資産は、王のお布施ではなく、私人の遺産の寄進なので、他の修道院の持っている特権も、全国民と共通の法律も享受していません。そこで私どもは後楯なり代理人を見つけることができません」と訴えたとき、フルドヴィクスは、われわれに反対する者をすべて敵に廻し、錚々《そうそう》たる要人を前に恥しがらずに堂々と、身分の低いわれわれの弁護人だと宣言しました。

そのとき彼は嫡子のあなたに書翰を送り、あなたの権威にかけてわれわれが必要とするものはすべて自由に請求すべきである、と誓うことを強制した。

しかし、ああ、私はなんと愚か者でしょう。フルドヴィクスの筆舌に尽し難い普遍的な仁慈や雅量を述べているうちに、わが修道院に施された彼の格別の恩恵から、私的な喜びや感謝にひきずられて浅はかにも脱線してしまったとは。

〔11〕　さてフルドヴィクスは、全ゲルマニアの、そしてレティア、古フランキア、さらにサクソニア、トゥリンギア、ノリクス、パンノニア、そしてすべての北方民族の

王であり皇帝であるフルドヴィクスは、非常に背丈が高く、容姿は端正で、目は星の如くきらめき、声は玲瓏と澄み誠に男らしく、鋭敏な才能を自負し、常住不断聖書を学び、並はずれた知識をさらに多く積み重ねてやまなかった。

そこで彼は敵の陥穽を見破り粉砕するとき、あるいは服従者同士の反目を終結させ、忠実な部下にくまなく便宜を与えるとき、比類なく機敏に振舞い威力を発揮した。

すべての異教徒や周囲のあらゆる民族から、彼はしだいに先祖の王たちよりもいっそう畏怖されるに至り、その状態が長くつづいた。

それも当然のことであった。というのも、彼は判決において前言を翻すことは絶えてなかったし、キリスト教徒の血飛沫《しぶき》でおのれの手を汚したこともなかったのだから。ただ一つの例外は、必要止むを得ず汚した最近の事件である。(10) これはいつか幼き王子フルドヴィクルスか、カロラステルかが、あなたの傍に立つのを見る日まで語ろうとは思わない。

この虐殺の後は、誰かを断罪し処刑するような羽目に追いやられたことは決してなかった。

もっとも叛逆罪や陰謀の罪に問われた者は、常に厳しく懲らしめたので、たとえば名誉を剝奪したあと、いかなる機会にも、どんなに長い月日がたっても、心を和らげもとの地位に復帰させようという気には到底ならなかった。

祈禱に熱中し断食を遵守し、神への奉仕を尊重する点ですべての人を凌駕し、徹底していたので、[11]聖マルティヌスを鑑とし、何をなすにも主の面前にいるかの如く、いつも拝跪《はいき》しているかのように見えた。一定の日に肉や贅沢な食物を断った。贖罪《しょくざい》行列のさいは靴をぬぎ、裸足で宮殿から[12]司教区の教会まで、あるいはレガネスブルクにいたときは聖ヘンメランムス教会まで、礼拝行列用十字架の後に従うのが常であった。それ以外の町では、そこの住民の習慣を受け入れた。

フランコノウルトとレガネスブルクに、驚くほど精巧な技を駆使して新しい教会を建てた。後者の結構が広壮雄大なため石材が不足したので、町の城壁を壊させた。城壁の内部の空隙に、昔の人の遺骨を包んだ金が大量に見つかった。この金で右の教会を飾ったばかりでなく、同じ金で厚さ約一ディギトゥスの表紙をつくって、その後に筆写された幾冊かの聖書を装幀した。

聖職者は読むことと歌うことに習熟していなければ、彼のもとで奉仕しようと、いや彼の面前に出ようとすらしなかった。

誓いを破る修道士は大そう軽蔑されたが、誓約を固く守る修道士はあらゆる厚情で慈《いつく》しまれた。

彼は不断から精一杯潤達にかつ温和に振舞っていたので、誰かが陰鬱な顔で彼を訪れても、彼の容姿を見ただけで、あるいは彼から少し話しかけられると晴れ晴れしい顔をして立ち去ったほどである。もし彼の目の前で、たまたま具合の悪いことや馬鹿げたことが突然起こると、あるいは他の所で起こったことがたまに耳に入ると、鋭い視線を向けただけで、すべてを正したのである。

そのためにわれわれの内心の永遠の裁定《さばき》について書かれていること――[13]「審判《さばき》の位に坐する主は、その目をもて、すべての悪を散らすこと」――そのことが人間に許された法《のり》を越えて、彼のうちで行われ始めたと、世間は信じて疑わなかった。

以上は、本題からそれながらフルドヴィクスに関して簡単に述べたものである。神の恩寵で生き永らえたならば、彼についてもっとたくさんのことを書きたいと願っている。

〔12〕さて本題に帰らねばならぬ。そのうち皇帝カロルスは、頻繁に訪れる外国からの客人や、屈服を拒むサクソネス人の執拗な反撃、ノルドマンニ人やマウリ人の強盗や海賊行為のため、アクアスグラニにいつもより長く滞在していて、その一方でフニ族に対し自分の息子ピピヌスを通じて戦いを行っていたとき、北方からやってきた野蛮民族がノリクスやフランキアの東部の大部分を略奪した。

カロルスはこれを知ると、自らの手で彼らをすべて徹底的に征服し、少年や赤子まで剣で討り、その背丈が剣の寸法を越えた少年はみな首をはねるように命じた。この事が切掛でもっと重大な、もっと有名な事件が起こった。というのも、あなたの清浄敬虔な祖父フルドヴィクス皇帝が、この世を去ると、巨人たちが――神の瞋恚《しんい》からセトの息子らがカインの娘らに生ませたと[14]聖書に語られている人たちの如く、傲慢な精神から増長し、[15]「われらダビデの中に何の分あらんや、エサイの子の中に遺産なし」と言った者らと、疑いもなくほぼ同じ者どもが――それぞれ立派な容姿を恃みフルドヴィクスの子孫を軽蔑し、元首政をおのれの手に入れ、王冠を頭にいただこうと試みた。

このとき身分の低い者らが、神の霊感を授かり抗議した。「あの高名なカロルス皇帝は、かつてキリスト教徒の敵を剣で討った。そこで彼の子孫の中に背丈が剣の長さほどある者が見つかったら、その者にフランキ人を、いや全ゲルマニアを統治させるべきである」

するとあの悪魔どもの陰謀は、あたかも雷光の一撃で打ちのめされたかの如く、こなごなに砕け散った。

ところで外敵の常勝者カロルスも、自国民のたしかに驚くべき、しかし失敗に終わった奸策に脅かされたのである。

彼がスクラウィ人の土地からレギナまで帰ってきたとき、母親からまがまがしくも、あの輝かしいピピヌスの名をつけられていた妾腹の子に危うく捕えられ、彼に関する限り死刑に処せられるところであった。

この陰謀事件は、次のようにして発覚したのである。聖ペルトス教会に貴族を集めて皇帝の殺害につき謀議をめぐらしたとき、談合を終えてから安全を気遣い、誰かが隅の方にか、あるいは祭壇の下にひそんでいないか探索させた。

果して恐れていた通り、一人の聖職者が祭壇の下に隠れているのが見つかる。この者を捕え、自分らの陰謀事件を他人にばらさないことを無理やり誓約させる。彼は命が惜しくて、命じられた通り誓うことを拒否しなかった。

しかし彼らが立ち去ると、あの冒瀆的な誓いを無視し宮殿へ急いだ。

彼は苦心惨憺の末閂《かんぬき》のかかった扉を七つも通り抜け、やっと皇帝の寝室に辿りつくと、戸を叩き、不断から警戒心の強いカロルスにひどく不審の念を抱かせた。「そもそもこんな時刻に予の眠りを邪魔しようとする者は、誰なのか」と。

王妃や姫たちに仕えて、いつも王につき従っていた侍女らに、外へ出て誰が戸の所にいて、何を求めているか、見てこいと命じた。

彼らは外へ出て、卑賤な身なりの人物を認めると、すぐ戸を閉じ大声をあげて笑いくずれ、着物で顔をかくし、部屋の隅の方へ身を隠そうとした。しかしこの空の下、英明な皇帝の目を逃れられるものは何もない。王は熱心に「何があったのか。誰が戸を叩いていたのか」と侍女たちに問うた。すると「馬鹿か狂人か、ともかく亜麻布の下着だけに、下穿《したば》きをはいた、剃髪の彷徨坊主が、すぐにも話したいことがあると訴えました」という答を得ると、早速その者を招じ入れるように命じた。

彼はいきなり皇帝の足元に身を投じ、一部始終を逐一打ち明けた。

何一つ疑っていなかった共謀仲間はみんな、昼の第三時までに、誠に正当な刑罰や追放刑に処せられた。

あの侏儒《こびと》で傴僂《せむし》のピピヌスは酷《むご》たらしい鞭刑に処せられ、髪を剃り落とすと、広大な帝国中どの土地よりも貧しく狭いと思われた聖ガルス修道院へ、罪滅ぼしに送られ、暫くの間、幽閉されることになった。

このあと間もなく、フランキアの貴族が王を弑殺しようと謀《はか》った。この奸策は明るみに出たが、王は好んで彼らを失いたくなかった。もし彼らが忠誠心を抱くと、キリスト教徒の偉大な防衛者となり得たからである。

そこで先述のピピヌスのもとへ使者を送り、彼らをどう処置すべきかを尋ねさせた。使者はピピヌスが、老いた修道士らと共に庭畠の中で――若い修道士はもっと重要な仕事にたずさわっていたが――食用の野菜がいっそう勢よく伸びるように、いらくさなどの雑草をみんな、三叉鍬で引き抜いているのを見つけると、彼に来意を告げた。彼は心の奥底から深く嘆息をつき――不具者はおしなべて、健全な人より腹を立てやすいので――このような言葉で答えた。

「カエサルが本当に私の忠言を聞くに価すると思っているのなら、不当にもこんな場所へ追放してはいないだろう。彼に言付《ことづ》けるものは何もない。お前らが会ったとき、私が何をしていたかを告げたらよい」

しかし使者らは、答らしい答を何も持たずに帰って皇帝から叱られることを恐れたので、再三再四しつこく「主君に告げるべきことを何か言ってくれ」と頼んだ。ついに彼は癇癪をおこして言った。

「私がいましていることを告げよ。それ以外に言付けるものはない。大切な野菜がすくすくと育つように、ろくでなしの雑草を引き抜いていると」

そこで彼らは、尤《もっと》もらしい返事を一つも持たずに帰るかのように、しょんぼり立ち去った。

さて皇帝の前に現われて、報告を求められ「私たちは大変苦労して遠い所まで旅をしましたが、申し上げることは、ただの一言もございません」となげいた。賢明な王は「彼を見かけたとき、どこにいて、何をしていたか、いかなる返答をしたか」と順序を追って尋ねると、使者は言った。

「私どもが見つけたとき、彼は背もたれのない田舎風の三脚椅子に坐っていました。そして三叉鍬で野菜畠を掘り返していました。私たちの旅の目的を説いて執拗に嘆願したのに、彼からこの答しか引き出せなかったのです、「予がいましていることを伝えて貰う以外に何も言付けはない。必要な野菜がすくすく育つように、ろくでなしの雑草を引き抜いていると」」

これを聞くと、勘の鋭い聡明なアウグストゥスは、耳を烈しくこすり、鼻をふくらませて言った。「立派な家来たちよ。お前らの持ち帰った答は、道理にかなっているぞ」

こうして命の危険に怯えていた彼らにピピヌスの発言の真意を解き明し、陥穽をしかけた者らをことごとく生者の世界から追い払い、これら無用者の占有していた土地を繁栄させ、自分の勢力を拡大するようにと、忠実な家臣に譲り渡した。

フランキアで一番高い丘陵地と、そこから展望できる土地をことごとくおのれの領地と定めていた一人の仇敵を、同じ丘に建てた比類なく高大な絞首台に縛りつけ、吊り上げるように命じた。

庶子ピピヌスには、以後どんな暮らしでも自分で勝手に択ぶがよいと伝えた。選択の自由を与えられると、彼は当時最も高貴な存在であったが、今はすっかり廃墟と化している――その理由は世間周知のことだが、あなたのベルンハルドゥルスが、腰に剣を帯びた姿を見る日までは述べたくない――(16)修道院に居住地を定めた。

さて鷹揚寛大なカロルスも憤慨したことがある。野蛮な民族から挑発されて、それが麾下の諸大公なら誰にでもうってつけと思われたのに、自ら出征したからである。この事実を私は同郷人の一人の行為から証明するであろう。

さてドゥルゴヴェの出身で、自国語の名前で「恐るべき軍隊の大部分」という意味の、エイスヘレと呼ぶ人がいた。非常に背が高かったので、もしこれほど時代も場所も離れていなければ、あのエナキム人の血統をひいていると信じられたろう。彼が、アルプスの雪融け水で増水し氾濫したドゥラ川に来て、流れている水の中へと言うよりも融けていない氷の中へ、巨大な馬を追い込めないときはいつも「聖ガルスにかけて、おまえが欲しようと欲しまいと、わしの後について来なければならぬ」と言って、手綱をとり自分の後から泳いでくる馬を率いて川を渡った。

こうして彼はカエサルのお伴をして、ベマニ人やヴィルジ人、アヴァリ人を牧草のごとく薙ぎ倒し、鳥のごとく槍にぶらさげて、意気揚々と凱旋すると、頓馬な奴から「ウィニデス人の土地はどうだった」と問われて、かれを侮りこれに憤って言った。

「わしにとって、あいつらおたまじゃくしがなんだ。奴らをいつも七匹か八匹、いやたしか九匹も、わしの槍で串刺しにし、何か訳のわからぬ悲鳴をあげている奴らをあちこちと運んだものさ。こんな虫けらが相手では、主君カロルスもわしらも、無駄骨を折ったというものだ」

〔13〕 さて、皇帝がフニ族との戦争に決着をつけ、上述の部族を帰順者として受け入れると、ほぼ同時にノルドマンニ人が侵攻してきて、ガリア人とフランキ人に大きな不安を与え始めた。

常勝不敗のカロルスは帰還すると今度は陸路をたどり――それは非常に狭い、道なき道であったが――、ノルドマンニ人をその生地で襲撃しようと計画した。しかし聖[17]書にもある通り、「エホバがこれをもてイスラエルをこころみんがために」、神の摂理で禁止されたのか、あるいはわれわれの罪が禍いしたものか、王の試みはことごとく水泡に帰した。たとえば、ある修道院長の財産の中から、二頭立の荷牛が突然伝染病におそわれ、一晩で五十組も倒れたことでも全軍隊の損害が推量されよう。

そこでこの世で最高の賢人カロルスは、聖書[18]に背き「川の激流に逆らって棹さす」ことのなきように、計画を断念した。

さてカロルスが長期間にわたって広大な帝国をあちこちと移動していたとき、彼の不在に勢いづけられてノルドマンニ人の王ゴデフリドゥスは、フランキア王国の辺境に侵入し、モセラ川流域地方を択んで自分らの居住地とした。

父に付き従っていたゴデフリドゥスの息子は、父が最近自分の母を捨て、これに代えて別な女を妻に娶ると、自分の鷹を青鷺《あおさぎ》から引き離そうとして、一刀両断のもとに父を殺した。すると、昔ホロフェルネスが首を刎ねられたあとの如く、みんな敢えて勇気を奮い起こし武器をとろうとせず、ひたすら逃亡によって身の安全を守った。

こうして恩知らずのイスラエル[19]の如く、神に向い、自ら誇りて言わぬように、フランキアは自ら積極的に動かなくて、敵から解放されたのである。このような裁きに対し、負けた験《ため》しなく負ける筈のないカロルスは神を賞め称えたが、自分が居合せなくて、彼らを何人も逃亡させたと大いに愚痴をこぼした。

「ああ、残念至極なり、予のキリスト教徒の軍隊が、あの犬面《いぬづら》どもを愚弄する場面を、見せて貰えなかったとは」

〔14〕カロルスは国内巡行中、何の前ぶれもなく不意にガリア・ナルボネンシス地方

の海岸のある町を訪れたことがあった。

誰にも知られずに朝食をとっていたとき、その町の港にノルドマンニ人の偵察隊が海賊を働きかけた。彼らの船を見たとき町の人びとはてんでに、ユダヤ人の商船だとか、いやアフリカ人のだ、いやブリタンニアの商船だと言い合っていたが、英明なカロルスは船の構造や速力から推して、その乗組員が商人ではなく海賊であることに気づくと、側近に言った。

「あの船に品物がぎっしりつまっているどころか、獰猛な海賊で一杯だ」

これを聞くと彼らは、お互にわれ勝ちに慌ただしく船へ急行した。しかし徒労であった。ノルドマンニ人はここにマルテルス・カロルス――彼らは王をいつもこう呼んでいた――が来ていることを知り、自分らの武装船が彼に撃退されるか、微塵に粉砕されて滅びはしないかと恐れ、誠に異常な速さで遁走し、追跡者の剣ばかりか目すら晦ましてしまった。

しかし神を恐れる敬虔な正義の人カロルスは、食卓から立ち上ると東の窓際に歩み寄り、誰にもわからないほど不思議な涙を浮べ、長い間目に一杯ためていた。

敢えてその訳を尋ねる者がいなかったが、ついに自分から進んで、武勇を好む麾下の貴族に、自分のあのような態度や涙について釈明した。

「忠実な者たちよ、予があんなに烈しく泣いた理由がわかるか。あの碌でなしの空《うつ》け者が、少しでも予を損うのではないかと恐れたからではない。奴らが予の生存中に大胆にもこの海岸までやってきたということが、口惜しいのだ。断腸の思いなのだ。奴らが予の子孫とかれらの臣下に、どんな災難をもたらすか予測できるからだ」

かかることのなきよう、われらの主キリストの加護があらんことを。ノルドマンニ人の血で鍛えられたあなたの刀が守らんことを。これにノルドマンニ人の血に塗《まみ》れたあなたの兄カルロマンヌスの太刀も力を添えんことを。

今やあなたの剣はあなたの最も忠実なアルノルドゥスの臆病からではなく、乏しい財産と狭い土地のために、銹《さ》びているとは言え、あなたの権力と命令と意志とで、鋭さと輝きをとり戻すのも困難ではない。

なぜならこのただ一つの枝は、ベンノリヌスの可愛い枝と共に、フルドヴィクスの豊饒な根幹から生えて、唯一つ残ったあなたの保護という天辺の繁みの下で成長しているのだから。

それ故、いま暫くあなたのカロルスという名の伝記の中に、あなたの高祖父ピピヌスの話も、いくらか挿入したいと思う。神の恩寵からあなたに授けられるであろうカロラステルかフルドヴィクルスかが、それを見倣うことを願って。

〔15〕　さてランゴバルディ人やその他の敵がローマ人に襲いかかり悩ましていたとき、彼らは上記のピピヌスへ使者をおくり、聖ペテロへの愛のため、できるだけ早く自分らを助けに来て貰いたいと願った。ピピヌスは忽ち敵を征服し勝利者となって、ただ祈禱のためにローマに入城し、市民からこのような頌詩で歓迎された。「今日使徒たちの市民と、神の召使《しもべ》が寄り合った。祖国に平和をもたらし栄誉を与えるために、異教徒に平和を与え、主の民を解放するために」この歌の意味も謂《いわれ》も全く知らない人たちが、使徒の誕生日にこれをうたうという習慣が、いつの間にかできたのである。

ピピヌスはしかしローマ人の——いやもっと本当のことを言えば——コンスタンティノポリスの人たちの嫉妬心をかわすために間もなくフランキアに帰ってきた。

さて軍隊の指揮者どもが、いつも蔭で自分を軽蔑し貶していることを知ると、粗暴で恐るべき巨体の雄牛を連れ込み、これに獰猛なライオンを放てと命じた。ライオンは物凄い勢いで突進し襲いかかり、雄牛の首を捕え地上に倒した。

そのとき王は、周りに立っていた者に言った。「牛からライオンを引き離せ。さもなくば牛の上のライオンを殺せ」

彼らはお互に顔を見合せ、心胆を氷らせ震え上り、吃りつつやっとこう呟くことができた。

「主君よ、天が下に、さような冒険を試みるような者はいません」

いっそう自信を深めて玉座から立ち上ると、剣を抜きライオンの首を貫き、その両肩から牛の首を離した。

剣を鞘におさめると、玉座についてこう言った。「予がお前らの主君にふさわしいかどうかわかったか。お前らは少年ダヴィドがかの巨人ゴリアトに対してどうしたか、あるいは小柄のアレクサンドロス大王が大男の従者にどうしたか、その話を聞いたことはないか」

すると彼らはまるで雷に打たれたように、地上に平伏して言った。

「狂人でない限り一体誰が、人類に対するあなたの君臨と支配を拒否しましょう」

このようにピピヌスは野獣や人間に振舞ったばかりでなく、悪魔の跳梁にも、前代未聞の抗争を挑む。

アクアスグラニに、まだ浴場が建っていなかったころ、健康によい熱湯の温泉が湧き出したので、自分の侍従にその温泉が清潔かどうか検分させ、見知らぬ者の立入りを禁じさせた。

命令通りにことが運ぶと、王は剣をとり肌着にスリッパのまま温泉場へ急いだ。そのとき突然、仇敵の悪魔が彼を殺害するかの如く歩み寄ってきた。

王はしかし十字を切って身を守り剣を抜き、大地に人間の姿を映した影を認めると、不敗の剣を力一杯突き刺したので、長いこと頑張ってやっと、剣を引き抜くことができたほどである。

その影は大変に厚かったので、温泉のあたり一帯が膿と血のりと身の毛のよだつ脂肪とで汚れてしまった。

しかし不撓不屈の精神をもつピピヌスは、これにいささかもたじろがず侍従にこう命じた。

「この事件を気にするな。血に染ったあの湯水は流し放しにしておけ。湧湯《わきゆ》がきれいに澄んできたら、その中で予は直ちに身体《からだ》を洗わねばならぬから」

〔16〕 おお、皇帝アウグストゥスよ、そもそも私はあなたの曾祖父カロルスについてのみ、彼の業績をすべて御存知のあなたに、短い物語を織りなす計画でした。しかし「著名王」の異名で呼ばれる、誉れ高きあなたの父フルドヴィクスや、「敬虔王」の異名をもち、敬神の念の篤きあなたの祖父フルドヴィクス、あるいは勇敢無比のあなたの高祖父ピピヌスについて、止むを得ず言及する機会を与えられながら、触れずにすべてを黙殺することは、正道に悖ると考えたのです。じっさいこの王たちについて、

現代の人たちは無智から、全く黙して語りません。大ピピヌスに関しては、博学なベーダが『英国教会史』の中でほとんど一巻全部を捧げています。[20]

こうして話が以上の如く横道にそれましたが、今や白鳥はあなたの名をもつ有名なカロルスの所へ泳いで帰らねばなりませぬ。

しかしカロルスのなし遂げた戦績を、いくらか省略しなければ、彼の日常生活を考察する所まで行けないでしょう。そこでさしあたり、起こっている戦争についてできるだけ簡単に述べることにします。

〔17〕ランゴバルディ族は勝利の栄光に輝いたピピヌスの死後、もう一度ローマの平和を掻き乱した。このときは常勝不敗のカロルスがすみやかにイタリアへ遠征に旅立つ、アルプスのこちら側の地方は、全く占領されていなかったのであるが。

血腥い交戦の末に屈服した、あるいは自発的に投降したランゴバルディ族は、奴隷として受けとられた。彼らがフランキア王国の支配の絆から逃れられないように、あるいは聖ペトルス教会の領地に何か損害を与えぬように、その確実な保証として、ランゴバルディ族の元首デシデリウスの娘を妻に娶《めと》った。

彼女は寝たきりの病人であったし、子孫を殖やす能力もなかったので、程ならずして敬虔な聖職者の判断に従い、死人も同然に離縁してしまった。

そこで父デシデリウスは激怒し、属領民を自分への忠誠の誓いで縛り、ティキヌムの町の城壁内に立てこもって不敗の王カロルスに抗戦を準備する。カロルスはこの事実を確かめると、そこへ急行した。

ところでこれより数年前のこと、錚々たる貴族の一人であったオトケルスなるものが、最も畏怖すべき皇帝の逆鱗に触れそのために先のデシデリウスの許へ亡命するという事件が起こっていた。

彼らは恐るべきカロルスの到来を聞くと、最も高い塔へ登った。そこからは町へ向ってくる人を広々と遠くまで望見することが出来たのである。

さて、ダレイオス王やユリウス・カエサルの遠征隊よりも迅速機敏であった輜重隊が姿を現わすや、デシデリウスはオトケルスに尋ねた。「カロルスはあのたくさんの軍隊の中にいるのか」彼は答えた。「まだです」

次に、広大な帝国から募集されたさまざまの部族の軍隊を目にとめると、確信をもってオトケルスは言った。

「あの軍勢の中にカロルスは、きっと威張って進んでくるぞ」オトケルスは答えた。

「いや、まだです。まだです」彼は気が気でなくなり、「一体われわれはどうしたらよいのか。あれ以上の大軍が彼と一緒にやってくるならば」オトケルスは言った。「彼がどんな風にやってくるか、いまにわかります。われわれがどうなるか見当つきません」

見よ、こう話し合っている所へ、任務を片時も忘れない護衛隊が現われた。これを見るとデシデリウスは震えて言った。「あれがカロルスか」オトケルスは「いやまだです。彼はまだです」と言う。その後で司教や修道院長や王室聖堂付司祭らが、従者の一行と姿を現わした。

これを見て、いまや光を憎み死を望んだ人《デシデリウス》(21)は、むせび泣きながらどうにかやっと、こう呟いた。

「降りて行こう。そしてあのような物凄い敵の狂気じみた顔から、地下に身を隠そう」

これに対しオトケルスは恐怖に怯えて答えた。ともかく彼はかつて順境にあったとき、比倫を絶するカロルスの軍隊の実力も装備も、自ら体験し熟知していたのだから。

「間もなくあの平野に鉄の槍穂がぎっしりと林立し、パドゥス川とティキヌス川が黒々とした鉄の大波で、町の城壁をひたひたと浸すのが見られるでしょう。そのときこそカロルスの到着が確められます」

この言葉がまだ終わらぬうちに、先ず西の方から旋風《キルキウス》や北風が、日光の眩しい昼を恐しい暗闇に変える黒雲の如く、現われ始めた。

皇帝が徐々に近づくと、燦然と輝く武器から、籠城者たちにはどんな夜よりも暗い日がたち昇った。

ついに鉄《くろがね》のカロルス本人が見えてきた。頭に鉄兜をかぶり、鉄製の手甲で腕を守り、鉄の胸[22]と大幅《プラトーン》の肩を、鉄製の鎧《よろい》でかため、左手に鉄の槍を持って高く掲げ、右手は常に無敵の剣の上に差しのべられていた。

馬に乗りやすくするため、他の人ならいつも胴鎧を脱ぐのに、彼は大腿部の外側を鉄の小葉片でくるんでいた。脛当について触れるならば、それは全軍の兵士も常用していた鉄製のものであった。楯の表面に鉄以外のものは見えなかった。彼の馬も気性や肌の色に鉄を反映させていた。

カロルスのこの装いを、前を進む者は全員、両側を取り囲む者も皆、後に続く者もことごとくできる限り模倣し、全体が揃って同じ武具を身につけていた。太陽の光線が鉄の線列から照り返っていた。冷い鉄は平野や広場を満たしていた。[23]地下の穴の戦慄が、比類なく見事な鉄を恐れていた。「おお、鉄だ、鉄だ」と錯乱鉄に、いっそう冷い兵士が敬意を表していた。

したティキヌムの市民の絶叫が聞えてきた。城壁の堅固な結構も、若者の確固たる意志も、鉄に震《ふる》えおののいていた。老人の深慮遠謀も鉄で潰《つい》えた。以上の状景を、——私は吃りで歯抜けのため、本来そうあるべきではなかったのに、だらだらと廻りくどい表現で説明しようと試みたが——じっと眺め、真実を伝えていたオトケルスは、一目見ると、すばやく悟ってデシデリウスに言った。「あれです。あなたがあれほどしきりに尋ねていた人は」こう言いながら殆んど失神して倒れた。

しかしその日は、気でも狂ったのか、あるいは抵抗の望みをいくらかでも持っていたのか、この町の人達は、彼を城内に受け入れようとしなかったので、術策権謀に長じたカロルスは部下に言った。

「今日は何か記念となるものを造ろうではないか、この日をのほほんと過したと非難されないために。小さな礼拝堂を急いで建てよう。もし城門を早く開けてくれなかったら、われわれはその中で神への奉仕に専念しなければならないのだから」

この言葉が発せられると、各人あちこちへ散らばり、石灰や石材を、あるいは材木や顔料を集め、王にいつも随行していた工匠のもとへ運んできた。彼らは徒弟の下働きや兵士の協力により、昼の第四時から第十二時前までに、今もこれを見る人はみな、まるまる一年をかけて初めてでき上ると思うほど立派な壁や屋根、羽目板天井や絵画を備えた聖堂を完成させたのである。

その翌日のこと——市民の一部は進んで門を開きたいと欲していたし、一部は、たとい無駄でも抵抗しようと、いや、もっと本当のことを言うと、籠城を続けたいと思っていたが、——カロルスは一滴の血も流さずに、智慧を働かせただけで、楽々とその町を征服し開城させ、占領したのである。

この経緯を述べる仕事は、いくらか敬愛の念があるからではなく、ただ私利私慾のため、高潔なあなたに臣従している人たちに残しておきます。

敬虔なカロルスはそこからさらに先へ進み、フリオラナ——学者ぶっている人は、フォルム・ユリエンセと呼んでいるが——の町に着いた。ちょうどそのとき、その町の司教が——今日の慣例に従って言うならば——大司教《パトリアルカ》が、生涯の終焉に近づいていた。

敬神の念の篤いカロルスは、彼の後継者は彼が名前をあげて指名すべきだと考えたので、急いで大司教を見舞った。彼はたいそう信心深い人だったので、心の底から長く嘆息して言った。

「主君よ、長い間世俗的な利益も精神的な富も何一つもたらすことなしに、保持してきたこの司教区を、神の裁定《さばき》とあなたの御判断に任せます。それは避けて通れない清廉潔白な裁判官の前で、生存中うずたかく積んだ罪科の山に、死んでからもまだいくらか罪を重ねていると宣告されたくないからです」

これを聞いて英明なカロルスは、感嘆久しうし、「彼は古代の教父に比肩されて当然である」と言った。

さて精力旺盛なフランキ人の中でも、とりわけ精力的なカロルスは、先の司教が死去し、その人に適わしい後継者を補充するまで、同じ地方に暫く逗留していたとき、ある祭日に、ミサを祝ったのち、従者に言った。「われわれは手持ち無沙汰から無精者となり、怠惰な生活を送ってはならない。そこで狩に行き、何か獲物を捕えよう。それぞれいま着ている服装のまま出発しよう」

その日は雨模様の冷い日だった。カロルス自身は羊の毛皮を着ていた。それは、カロルスがいつもそれで胸をおおい両腕を露わにして神に供物を捧げ、神の同意を得ていたといわれるあの聖[24]マルティヌスの法衣ほど高価ではなかった。

従者は、たまたまその日が祭日であったし、パピアから来たばかりだったので――この町には最近ウェネティア人が海の向うの国々から東方の富をすべて運んでいた――絹の着物の上に、[25]フェニクス鳥の羽毛や、ちょうど鮮やかな色を出し始めた孔雀の首や背中や尻尾の羽毛を縫いつけて、ある者は紫紅染か黄色のリボンで飾り、他の者は高価な毛皮を羽織り、中にはおこじょの毛皮を着て勇んで狩に出ていた。

彼らは森の中をあちこちと彷徨しているうちに、樹木の枝、さんざしの刺、いばらの茂みで衣服を裂かれ、雨でびしょぬれとなり、その上に野獣の血や泥まみれの体毛で汚れて帰ってきた。

そのとき知謀に長《た》けたカロルスは言った。「みんな寝床に入るまで毛皮を脱ぐな。体につけている方がよく乾くからだ」

この指示によって各人、着物よりも身体《からだ》の方を心配してどこでもかしこでも炉の火を探し求め、暖まることに夢中になった。やがて王から呼び戻され、夜おそくまでずっとお側に仕えてから、務めを解かれて宿に帰った。

彼らがそれぞれしなやかな毛皮や華奢《きやしや》な絹の上衣を脱ぎ始めた途端、皺《しわ》が捩《よじ》れ縮んでいた所に罅《ひび》割れが生じ、ちょうど乾燥した小枝が裂ける時のような音が、遠くからでも聞えた。

彼らは呻き嘆息し、愚痴をこぼした。「たった一日で大金をなくしてしもうた」

彼らはその翌日、同じ毛皮を着て、皇帝の前に現われるように命じられていた。彼らはみな命令に従ったのであるが、綺麗な衣裳の晴れ姿どころではなく、色褪せた汚い襤褸《らんる》をまとって、恐縮していた。

智慧者のカロルスは侍従に「予のあの毛皮を手でこすってから、予の目の前に持ってこい」と言いつけた。全く痛みも傷もなく、つややかに輝いている毛皮が持ち込まれると、それを手にとり周りに立っていた者らに見せながら強い語調で言った。「何と間抜けの阿呆どもよ。ただの一ソリドゥスで手に入れた予のこの毛皮と、数リブラの銀も、いやそれどころか、何十タレントゥムの銀も払って買い求めたおまえらの毛皮と、いまこそどちらがいっそう値打をもち役に立っていることか」

彼らはじっと床土の方へ視線をそらせ、彼の厳しい叱責の声をまともに受けとめることができなかった。

この手本を敬虔の念の極めて篤いあなたの父君は、一度ならず、いや全生涯を通じて真似たので、彼が目をかけて教え鍛えるに価すると思った者はみな、外敵に向って遠征するさい、戦闘用の武器、毛織物の衣類、亜麻布の下着のみで、他に何かを持って行こうとは夢にも思わなかった。

そういうわけで、下級の従者が彼の規律を知らずに絹織物や金銀の装飾を少しでも身につけて、たまたま彼に出くわそうものなら、このような言葉で叱責され、過ちを正され、それだけ賢くなって立ち去ったのである。

「おお、人一倍金めっきしたおまえよ。銀で飾りたてた全身チュロスの紫紅染のおまえよ、哀れな気の毒な奴よ。戦争の運不運で死ぬのは、お前だけで充分ではないか。

それなのにお前の命をそれで買い戻せるほどの高価な財貨まで、敵の手に渡し、それらでもって異教徒の偶像を飾ってやりたいのか」

さて常勝不敗のフルドヴィクスが、若い頃から七十歳までいかに喜んで鉄の武具を身につけたか、ノルドマンニ人の使節の前で、鉄の武具をいかに装い誇示したか、それを私以上に詳しく知っているあなたに説明したい。

〔18〕ノルドマンニ人の王たちが、それぞれ自分の忠誠心の証として金・銀貨を、そして永久不変の服従や降伏の証としておのれの太刀《たち》を送ってよこしたとき、フルドヴィクスは金銭を石畳の上に投げ捨てさせ、「それは何人も憤然として軽蔑するためにのみ見るべきもの、いやむしろ、汚穢の如く足で踏み躙《にじ》るべき代物だ」と言明した。しかし太刀の方は、高い玉座に坐したまま、自らその強さを試そうとして持参させた。

すると使節は自分らに何か不吉な嫌疑がかけられるのを恐れ、いつも奴婢が自らの主人に刃の先端をもって庖丁を差し出すように、自分らの危険を覚悟して、皇帝に太刀を手渡した。

彼はそのうちの一本の柄《つか》を握り、鋒《きつさき》から柄のつけ根まで弓なりに曲げようとすると、鉄よりも頑丈な両手の間で太刀がふっつり折れた。そこで使節の一人が自分の剣を鞘《さや》から抜き、召使の如くおのれの忠誠を証《あか》すために差し出して言った。

「主君、私は確信しています。これは勝利の誉れ高きあなたの右手の望みに叶って、弾力性のある強靭な太刀だということが、きっとわかります」

カエサルはこれを受けとると[26]「汝らが切り出されたる磐《いわ》をおもい見よ」というイザヤの預言通り、じっさいゲルマニアの全住民の中で彼が唯一人、神の恩寵により、昔に立ち返って古人の技と胆力を取り戻すと、切先から柄の根元まで、柳の如く刃を撓《たわ》め、ゆっくりともとの状態に戻してやった。

すると使節らは互に顔を見合せ、こもごも感嘆久しうした。

「ああ、われらが元首も金をかくの如く卑しめ、鉄をかくの如く尊《たっと》ぶといいのに」

〔19〕 たまたま筆がノルドマンニ人に触れたので、ついでに彼らがキリスト教の信仰と洗礼をどれほど重んじているかを、あなたの祖父の時代の些細な出来事に触れて述べてみたい。

戦闘を最も好んだダヴィドが亡き後も、彼の強大な威力に長年屈服していた近隣諸部族は、平和を愛した彼の子息サロモンに貢税を納めた如く、この野蛮きわまりない民族ノルドマンニ人も、威厳に満ちた皇帝カロルスに畏怖の念から貢税を納め、彼の子息フルドヴィクスにも同じ尊敬の念から、絶えず栄誉を与えていたものである。

あるとき篤信敬虔な皇帝フルドヴィクスは、ついに彼らの使節を哀れみ、「そなたらはキリスト教を信じたくないのか」と尋ねると、「いつでも、どこでもいかなる命令にも従うつもりです」という返事だったので、神の名において洗礼を受けるように命じた。

洗礼に関してあの最も博学なアウグスティヌス[27]はこう言っている。

「もし神が三位一体でなければ、真理は、「行け[28]、すべての異教徒に教え諭し、父と子と聖霊の名において、彼らに洗礼を施せ」とは言わなかったろう」

使節たちは枢要な地位にある宮廷人から、まるで養子縁組がなされたかのように、身柄をひきとられ、宮殿の衣裳部屋から純白の衣服を、それぞれの保護者からフランキア風の服装として高価な着物や武器やその他の装飾品を受け取った。

かかる行事が、キリストのためではなく、地上の福祉のために長い間繰り返されているうちに、人数が年ごとに殖え、いまや大勢が使節としてではなく、忠実な封臣として皇帝に服従の意志を表明するために復活節の聖土曜日に急いでやってくるようになり、ついにある年には五十人にも達したのである。

皇帝は彼らに「本当に洗礼を受けたいと願っているのか」と念を押し、信仰を告白した者には、直ちに聖水を灌ぐように命じた。

しかし、これほどたくさんの亜麻布の肌着はすぐ手元に揃っていなかったから、肌(29)着を裁断し、生垣の如く縫い合せるか、葡萄畠のように囲いを作るように命じた。

その一つが、ノルドマン二人のある老人の上に突然垂れ下ると、その刹那に彼はそれをさも不思議そうな目付で眺めたが、すぐ心の中で大いに憤慨し、皇帝に「私はすでに二十回もここで、上等な純白の衣服をつけて、洗礼を受けました。ところがどうです。こんな布袋《ぬのぶくろ》は、兵士よりも豚飼に似合っています。もし私が裸を恥じなかったら、私の衣服を奪われたまま、あなたから与えられたもので体を被わずに、あなたの着物とあなたのキリストを捨てて立ち去っているでしょう」

このようにキリストの敵どもは、キリストの使徒パウルスの次の如き言葉を全く顧みないのである。

「およそ洗礼《バプテスマ》によりてキリストに合いし汝らは、キリストを着たるなり」また「イ(30)エス・キリストに合う洗礼を受けたるわれらは、その死に合う洗礼を受けしなり」(31)、なかんずく、信仰を軽蔑し誓約を破棄する者を戒めた言葉、「堕落する者は、さらにまた自ら神の子を十字架に釘《つ》けさらし者とするなり」(32)

かかる事例は、キリストの名で呼ばれる人たちの間ではなく、異教徒の間でのみ、たびたび見られるといいのに。

〔20〕 さらにフルドヴィクス一世の仁慈についても語らねばならない。その後でカロルスへ戻ることにしよう。

温順清雅な皇帝フルドヴィクスは外敵の侵入からすっかり解放され、宗教上の務めのみ、つまり祈禱と喜捨に没頭し、訴訟を聞き厳正な判決を下すことに全精力を傾注していた。

この裁きの任務において、見識も体験も鍛えられていたので、あるときアヒトフェルに生き写しとて皆から天使と目《もく》されていた人が、彼を嘲笑しようと試みると、フルドヴィクスは、表情に真心こめ、声も穏やかに、だが内心いささか平静を乱されて、こう答えたのである。

「おお、賢明なアンスヘルムスよ。もし許されるならば、敢えてこう申したい。そなたは正道を歩んでいないと」

その日から件《くだん》の真理を語る人は、世界中の人から黙殺されてしまった。

〔21〕 さてきわめて情《なさけ》深いフルドヴィクスは、喜捨に大そう気を配り、目の前でばかりでなく、自らの手を通じても実施されることを喜んだのである。

なかんずく、貧乏人の訴訟に関して、彼が欠席する場合、(33)予《あらかじ》め次の如き手筈をととのえていた。

貧乏人の犯罪は、四肢を損われていても他の裁判官より気力に溢れていると見られていた一人の裁判官に任されること。盗品の返却、不正や傷害の懲罰、そしてより大きな犯罪の場合の処罰、つまり手足の切断、斬首、体の宙吊すらも、彼を通じて執行されること。

大公、巡察吏、百人官と、彼らの代行者による裁判制度はあったが、彼は任された任務を勤勉につとめた。

さて慈《いつく》しみ深いアウグストゥスは、すべての貧者の中に、主イエス・キリストを見て崇め、彼らに滋養物と衣類を施しつづけることを決して止めなかった。特にキリストが死すべき人間の内着《トウニカ》をはぎとられ、朽ち果てることなき衣《ころも》を身にまとおうと準備していたその日には。

当日は、宮廷に務めている者と、王宮の中庭で仕えている者全員に、銘々の職責や地位に応じて贈物をおくった。

たとえば、高貴な人には誰にも剣帯か脚絆を、そして広大な帝国中から献上されていた高価な衣料を配るように命じた。身分の低い人には様々の色合のフレソネス製の外套が与えられた。ついで馬の飼育者、パン焼、料理人には、亜麻布や毛織物の着物や短刀が、彼らの要望に応じて気前よく投与された。

今や衣食を欠く者はなく、使徒行伝(34)によるならば、「みな大いに恩恵を蒙りたり」であった。かつては襤褸の貧者も、今や綺麗な純白の着物をまとい欣喜雀躍としてアクアスグラニの宮殿の広い中庭や拱廊《クルティクラ》――これをラテン人は普通、柱廊《ポルティクス》と呼び慣わしていたが――を巡り、「主よ憐れみ給え、至福者フルドヴィクスを」と唱えて、その声を天までとどろかした。

その日カエサルが教会へ向って歩むとき、兵士の中には、皇帝の足を抱き、接吻できたものもいたし、遠くから拝むものもいた。道化師の中には、謔《おど》けてこう言うものもいた。

「おお、仕合せなフルドヴィクス、たった一日で、かくも大勢の人に着物をきせられたとは。キリストに誓って申します。アト(35)は別として、今日ヨーロッパ中であなた以上にたくさんの者に着物をきせた人はいません」

そこで皇帝が「どうしてアトがそんなに多くの者に着物をきせることができたのか」と問い質すと、道化師は皇帝を不思議がらせたことで、いかにも得意そうに、高笑いして答えた。「今日はアトが新しい着物をあなたよりたくさん、配ったのです」

立ち居振舞いの優雅な皇帝は、優しい笑顔で、これを他愛なき冗談と受けとめ、謙虚に敬虔な気持で、教会へ入って行った。

教会の中でもイエス・キリストが生きていて目の前におわすかの如く、畏れ慎んだのである。

〔22〕彼はいついかなる場合でも、土曜日はきまって浴場に赴いていたが、入浴を必要としたためではなく、そこでも施捨の機会を求めたからである。浴場では、そのとき身につけていた物を、太刀と剣帯を除き、みなお伴の者に与えるのが習わしであった。

彼の気前よい恵与は、最も低い階層の人にまでゆきわたった。たとえば、たまたまそのとき彼に奉仕していた聖ガルス修道院の召使のガラス職人ストラコルフスに、自分の衣服をすべて与えるように命じたほどである。

このことを聞いて、国内を渡り歩く封臣の兵らが知ると、道かげに待ち伏せし、彼から奪いとろうと計画した。彼らに「何をするか。カエサルのガラス職人に暴力をふるうのか」と叫ぶと、彼らは答えた。「お前が職をもつことを許してやる……」

（了）

注

第一巻

(1)「ローマ人の云々」以下の文意は次の如く解釈しておく。ローマ皇帝の世界帝国は「足」(土台)が「鉄と煉瓦」という互に相容れない融和し難い二つの要素、つまり異教徒とキリスト教徒の民衆から構成されていたので「足」から崩壊した。その後を継承したカール大帝の世界帝国は「黄金の頭」(つまり神とそしてその地上での代行者カール帝)を戴いているので、永久だという意味か。

(2)「単独で統治云々」弟カルロマンヌスの死後(七七一年)のこと。

(3)「その名を」Saint Denis 修道院にいた(七八四〜八一一年)修道士 Dungal と想定されている。

(4)「ベーダの弟子」七三五年頃生れたアルビヌス(アルクイン)は、その年に亡くなったベーダの「弟子」とは言えまい。しかしアルクインは書翰集で「わが師ベーダ」と呼んでいる。

(5)「彼が御国の来らん云々」この前後の文意は訳者によく理解できない。聖マルティヌスの祝日(十一月十一日)にうたわれる応誦《レスポンソリウム》のうち、欠席した司教の分担していた文句は「主よ、もしまだわたくしが、あなたの民に必要ならば、わたくしは労力を拒みません。御意《みこころ》の行われんことを」であった。最後の行が貧しい聖職者に、「天にいますわれらの父よ」で始まる主禱文《パテル・ノステル》

（マタイ伝六章九～一三）の中の「御意の行われんことを」を思い起こさせて、主禱文を唱え始め、どうなるかと思ったが、結局、欠席した聖職者の応誦部分の最後と同じ文句で終わってよかったということなのか。
（6）「宮殿の露台」一巻三〇章参照。
（7）〔アルビヌスについて〕Thorpe に従って〔de Albino〕を補う。そしてここから九章とする。Haefele は補文なしに、八章のつづきとし、後述の「彼の功績」や「彼の弟子」の「彼」をカロルスと解釈する。
（8）〔グリマルドゥス〕写本不備のため正しい人名の復原不可能。
（9）「聖書に」Zachar. 8. 23.
（10）「テウトニクス語」Theutonica lingua 後述の Teutisca と共に、現代の deutsch の語源である diutisc のラテン語化、その意味は「民衆語」つまり当時のフランキ人の日常語である古代高地ドイツ語。
（11）「呼ばれよう」Thorpe に従うと、この後に次のような補文が見られる。「のみならず、敬虔の念の篤いカロルスは、自分の側近に選んでいたペトルスという名の合唱隊長に、しばらくの間聖ガルス修道院に滞在するように命じた。つまり王はこの修道院に、今日の如き教会の聖歌を標準的な交誦と共に、植えつけるにあたって、ローマ風の歌い方が教えられ学ばれることを切望し忠告したのである。実際カロルスは聖ガルス修道院の熱烈な後援者であったからである。さらにその修道院に、たくさんの財産や地所、家も借家も、その他の贈物も、そして純金と宝石から作られた『カロルス小礼拝堂』と呼ばれる、人目を奪う聖遺匣もおくった」

(12)「四旬節」荒野のキリストの四十日間の断食を想起して、信者が復活祭の前日までの四十日間を断食する。その方法は時代や国により様々で、当時フランキアでは、夕方まで食事を断っていたという。つまり一日に一度だけ食事をとっていた。司教の非難は、王の夕食が早すぎるという点であったろう。夕べの祈りは日没時（昼の第十二時、夕方六時）に行われていた。因みに昼の第一時は午前七時、第三時は九時、第八時は午後二時であった。

(13)「わが主君」肥満王カロルス三世。以下の文章は著者と主君カロルス三世との脱線気味の対話である。解題二〇九ページ参照。

(14)「パウルス」I. Tim. 3. 1.

(15)「さて、さまざま云々」以下「飾られ」までの原文難解。

(16)「牛飼はみな云々」以下写本の読みがあやしく意味曖昧。

(17)「ヴェルトレス」veltres. cf. it. véltro.

(18)「新フランキア」これは東フランキア、つまりライン川の東でマイン川流域地方を、後述（二三章）の「旧フランキア」は、ライン川の西の地方を示すらしい。

(19)「アラサティア地方云々」Alasatiensi illo Sigutario をこう訳しておく。

(20)「城壁」イタリア国境の山道に築いたランゴバルディア王の城壁のこと。

(21)「主の御告げ」Matth. 16. 18

(22)「私は潔白です」以下に Thorpe は次の補文（じつはトゥールのグレゴリウスの『殉教者の栄光』一・三八からの抜書）を挿入する。「ところで逮捕された人たちの中には、聖ペテロの墓にかけて、自分らはかかる罪から潔白であると誓うことを許されたいと嘆願する者が大勢いた。

教皇は彼らの不正直をよく見抜いていたので、カロルスに言った。「お願いです。神の不敗の僕《しもべ》よ。彼らの老獪な願いに耳をかし給うな。彼らは聖ペテロが特に赦免に対し心を動かされ易いことをよく知っているのです。そこで殉教者たちの墓の中から十三歳の少年パンクラティウスの名を刻む碑銘を探し出させて下さい。この少年の墓に誓って彼らがあなたに潔白を誓ったら、彼らの言葉を信用して下さい」教皇の望んだ通りに行われた。大勢が自信をもってこの墓に近づいたが、彼らのある者は仰向けにひっくりかえって硬直し、ある者は悪魔に憑かれて狂人となった」

(23)「われわれの間に云々」以下「なければなあ」までの文は「もしフランキア王国に艦隊があったら、ギリシアを威圧乃至征服できるのに」という意味であろうか。

(24)「これはアフリカ云々」「これは」(Quod)は、すぐ前のカロルスの言葉ではなく、ビザンティウムの使節の伝えた主君の言葉についての著者の感想らしい。

(25)「人の吹き云々」Job. 20. 24.

(26)「全ヨーロッパ」一七章のそれと同じく、狭い意味で使用され、フランキア帝国を指す。

(27)「本性に反抗する云々」Cisalpini は普通北部イタリア人を言うが、ここではアルプスの北方住民つまりフランキ人のことか。彼らの習俗で本性に悖る行為とは、どうやら剃髪の仕方だけらしく、その記述も曖昧である。剃った頭の中心部分を取り巻くように短い髪の輪をつくる剃髪様式のことか。

(28)「モイゼすら云々」Exod. 4. 10; Jos. 10. 12～14; Num. 27. 18f. 参照。

(29)「女の産み云々」Matth. 11. 11.

(30)「ペテロにすら云々」Matth. 16. 19, II. Pet. 3. 15.

(31)「弟子ヨハネ云々」Joh. 20. 5.
(32)「聖書に」Matth. 25. 29.
(33)「外衣」三一章参照。
(34)「フランキ人云々」以下の記述も不明瞭で、フランキアの一般兵士の武装のことか（金をきせた靴や朱色の脚絆なども？）、カロルス王だけの服装なのかはっきりしない。なお二巻一七章の武装に関する記述も参照されたい。
(35)「フランキ人の頭」これは八五七（又は八五九）年に訪れたフルドヴィクス王か、八八三年に訪ねたカロルス三世のことか。もしそうだとしたら「王の股から云々」の記述の解釈はいかに？　おそらく「フランキア人の頭」はカロルス大帝であり、以下の記述は二人の息子（ピピヌスとフルドヴィクス）を従えた彼の肖像画の描写ではあるまいか。子供を「枝」の如く比喩的に表現する箇所（二巻一四章）も参照。
(36)「跋」写本では「一巻の終り。序の始まり」(Explicit Liber I. Incipit Praefatio.) とある。
(37)「序言」失われている。解題参照。

第二巻

(1)「幾人かの私兵」Thorpe は「二人の私兵」の読みを取り、後述の「私兵隊の頭」primus illorum を「彼らの最初の人」と読み、最後に「後の人を莫大な土地で富ました」と補う。
(2)「聖書に」I. Joann. 4. 16.
(3)「ガルガラの云々」Jos. 10. 5~7; I. Reg. 20. 15ff.

（4）「地の王たち云々」Ps. 148, 11～12.

（5）「これを近くに云々」以下「命じた」までは、Thorpe の読みに従うと次のようになる。「その歌は、「古い人を再生するために救世主が洗礼にやってきた」で始まる交誦と同じ旋律と同じ歌詞であった。皇帝はギリシア語に精通した帝室礼拝堂付司祭に命じて、その歌詞をラテン語に訳して同じ曲でうたうため、一つ一つの音節に一つ一つの旋律をあてがい、言語の性質が許す限り、原歌と寸分違わないように注意深く配慮せよと命じた」

（6）「ある句で云々」「公現祭八日目の朝課のための交誦」Antiphonae in Octavas Theophaniae ad Matutinas は（5）で引用した「古い人を再生する云々」で始まる。ここで問題となっているのは、同じ交誦の中で後に続く詩句の一行（「竜《ドラコ》の頭を救世主がヨルダン川で粉砕《コントリーウィト》した」）の中の単語（contrivit）が、意味は同じで共に完了形だが、原曲に合せてうたい易く四音節（conteruit）に変えられたということか。

（7）「あのアブラハム」Gen. 15. 18.

（8）「パルティア人が云々」Verg. Ecl. 1. 63.

（9）「言われた言葉」パウリヌス著『聖アンブロシウス伝』三章からとられたという。

（10）「これはいつか云々」「いつかルードヴィヒかカールの名をもった王子が生れたら」の意。この時点でカロルス肥満王は正嫡の後継者を持っていなかった。

（11）「聖マルティヌス云々」スルピキウス・セウェルス著『聖マルティヌス伝』（二六章）によると「マルティヌスは何か他のことをしているように見える時にも、常に祈っていた」とある。

（12）「司教区の教会」レーゲンスブルクの聖ペーテル教会。

(13)「審判の位云々」Prov. 20. 8.
(14)「聖書に」Genes. 6. 4.
(15)「われらダビデ云々」I. Reg. 12. 16.
(16)「修道院」トリエルの北方のPrüm修道院。八八二年ノルドマン二人に破壊された。
(17)「聖書」Judic. 3. 4.
(18)「聖書に背き」Ecclus. 4. 32.
(19)「イスラエル云々」Judic. 7. 2.
(20)「ほとんど一巻」これは誇張であって、五巻一〇〜一一章を占めるにすぎない。
(21)「死を望んだ人」mortis Desiderius（cf. desiderium 欲望）、語呂合せ。
(22)「大幅の肩」humerus Platonicus（cf. plautus 広い）も同じく語呂合せ。
(23)「地下の穴の戦慄云々」地下にもぐったデシデリウスたちの恐怖を暗示したものか。
(24)「聖マルティヌスの法衣」一巻四章参照。
(25)「フェニクス鳥」Phenicum avium エジプト神話の不死鳥のことか？　以下「狩に出た」までの文意曖昧である。
(26)「汝らが切り出され云々」Is. 51. 1.
(27)「アウグスティヌス」『三位一体について』一五巻六章。現代の校訂本と少し異る。
(28)「行け、すべての云々」Matth. 28. 19.
(29)「肌着を裁断し云々」以下二行の原文は難解のため試訳である。
(30)「およそ洗礼云々」Galat. 3. 27.

(31)「イエス・キリスト云々」Rom. 6. 3.
(32)「堕落する者云々」Hebr. 6. 6.
(33)「彼が欠席する云々」以下の原文もいくらか曖昧である。
(34)「使徒行伝」Act. 4. 33.
(35)「アト」この人物は不明、従って道化師の冗談の落ちもわからない。

解題

八世紀の中頃に生れ、九世紀の初頭に没したフランク人（言いかえると中世のドイツ人）のカール大帝（Karl der Große）は、ラテン語で Karolus Magnus（偉大なカロルス）と、フランスでシャルルマーニュ（Charlemagne）と呼ばれ、西欧中世史上の比類なき英雄として、また十一世紀から十三世紀にかけて、もっぱらフランスで創作されたたくさんの叙事詩（武勲詩）の中心人物として有名である。

本書に収めた二つのカール大帝伝は、いずれも九世紀のフランク人の手になる、中世ラテン語の著作で、今日現存する十二世紀以降の写本では、よく二書が一対の如く転写されている。さらに重要な写本においては、この上にアインハルトが補筆したといわれる『フランキア王国年代記』（後述）を加えた三書が一組として、つまり「カロルス大帝業績録集成」Corpus Gesta Karoli と呼ばれて伝わっている。

このように二書は、それ自体史料としての独自の価値を持っているのみならず、ここに描かれたカールの歴史像が、後世の武勲詩にうたわれた伝説像あるいは神話像《イーコン》といかに相違しているかという観点からも、読者の興味をそそることであろう。

一　エインハルドゥス『カロルス大帝伝』Einhardi Vita Karoli Magni

アインハルトEinhartは、ラテン語でEinhardus, EinhartusまたはEginhardusと綴られ、フランスではエジナールEginardと呼ばれる。年代は不明で、七七〇年頃（七七五年頃とも推定されているが）、マインガウ（マイン川流域地方）のかなり高貴な血筋の家に生れた。幼年時代フルダの修道院付属学校において教育を受ける。言うまでもなく、修道院は、中世初期、無智と文盲の大海における孤島の学問所であった。とりわけ、このフルダの修道院は当時のフランク王国の学問の一つの中心地であった。

七九一年頃（二十歳ぐらい）、当時のバウグルフ修道院長の推薦で、アーヘンの宮廷に入る。カール大帝は貴族の子弟や才能の偉れた少年を、全国から呼び集めて宮廷で養育し、さきざき国家や教会を背負ってたつ指導者や幹部をつくる計画を持ち実践していた。

アインハルトは背丈が低く、聡明と知慧とできわだっていたので、宮廷では「ナルドゥルス」nardulus という愛称で呼ばれていた。これは nardus（また nardum Indum）の指小辞で、その小粒の球根からとれる香油のため、古代で珍重されていた「甘松《かんしょう》（香）」である。

カール大帝からも深く信頼され、八〇六年王の使節としてローマ教皇を訪れたときを除き、君側から離れて暮らしたことはなかった。

当時の最高の教養人アルクインは、王にあてたある書翰で[1]、アインハルトをこう呼んでいる。「あなたにも私にも親愛なる助言者、ベザレル」と。ベザレルは旧約（Exod. 31. 2f）によると「智慧と了知《さとり》と知識と諸々《もろもろ》の類《たぐい》の工《わざ》に長《た》」けた人物とされている。

けれどもアインハルトは政治的には、大帝の亡くなるまで重要な地位にはつかなかった、もっとも幾つかの司教座を与えられてはいたが。

息子のルードヴィヒ敬虔王の時代には枢機にあずかったものの、帝室内で王権をめぐる肉親の葛藤が、次第に激化してきたころ（八三〇年ごろか）、病気を理由にアーヘンを去り、静かな田舎ゼーリンゲンシュタトへ隠遁した。すでに彼はルードヴィヒから土地を貰っていて、ここに教会も建て、聖マルケリヌスと聖ペトルスの聖遺物を移していたのである。

晩年彼は、宗教的な勤行と友情と著述に没頭して、八四〇年三月十四日にこの世を去る。

カール大帝の没後に、彼はヴォルムス司教ベルンハルトの姉妹インマを妻に娶っていたが、彼女は夫に先立つこと四年、八三六年に亡くなっている。

アインハルトの著作としては、伝記以外に次のようなものがある。

一　『書翰集』Epistulae（814?〜840年）

二　『十字架の崇拝について』De Adoranda Cruce

三　『聖者マルケリヌスとペトルスの聖遺物移管』Translatio S. Marcellini et Petri

四　『フランキア王国年代記』Annales Regni Francorum　この題名は写本や校訂本で一定していないが、七四一年から八二九年までの年代記で、そのうち七九五年（か七九六年）以降、アインハルトの手になるといわれるが、異説もあって確かではない。

『カロルス大帝伝』の製作年代は、いろいろの説もあるが、おそらく八三〇年から八三六年の間に完成されたことであろう。彼はすべての作品を用意周到な準備のもとに書いている。ラテン語は勿論、当時の西欧では稀なことだが、ギリシア語も修得していた。

自由学芸に通じ、教父の著作にも同時代の作品にも明るかった。加えて、アルクインや、フェリエール修道院長ルプス、フルダ修道院長フラバヌス、詩人アンギルベルトなど、当時の賢人、碩学と深い友情に結ばれていた。

こうした交友関係と、天賦の才能と勤勉と誠実と、側近政治家としての体験が、この『カール大帝伝』の信憑性を高めているのである。

二　吃者ノトケルス『カロルス大帝業績録』Notkeri Balbuli Gesta Karoli Magni Imperatoris

写本の伝統によると著者は不明である。題名も De Karolo Magno と伝える写本もあって定かではない。のみならず当時のいかなる文献や史料にも、この著者と題名に関する言及や傍証は見つからない。

作品の内的証憑(一巻三四章、二巻一〇章)からして、著者が今のスイスのザンクト・ガレン修道院の修道士であることは明かである。

すでに十七世紀のある学者が、この修道士を「吃者ノトカー」der Stammler

Notker と想定したが、十九世紀初頭に初めて信頼し得る校訂本を公刊したペルツが、この説を否定したため、長い間著者は「ザンクト・ガレン修道士」Monachus Sangallensis で通っていた。

十九世紀末、この伝記と、同じ著者の作と考えられる書翰集などとの比較研究が幾つか現われて、いわゆる「ザンクト・ガレン修道士」なる者が、「吃者ノトカー」に他ならぬことが確認されて以来、今日これを疑う人はいない(2)。

ノトカーは八四〇年ごろ、ザンクト・ガレン修道院に近いトゥールガウ（トゥール川流域地方）に生れ、ドイツ語を母なる言葉として育ち、少年のころ、修道院付属学校に入って、ラテン語や教養学課、聖書などを学び、修道士となって、おそらく一歩も外へ出ることなく（一巻三四章）、九一二年修道院の中でつつましい生涯を閉じたと考えられる。

その間、敬虔な神への奉仕者、付属学校の偉れた教師、聖俗の学問に精通した勤勉な学者として暮らし、さらに当時としては類い稀な詩と音楽の天分に恵まれ、教会詩の一つのジャンルである「続誦《セクエンティア》」を創始したキリスト教詩人としても有名である。

伝記以外に今日伝わっている彼の主な著述は以下の通りである。

一　『書翰詩集』Formulae Salomonis

二　『教会詩集』Liber Hymnorum
三　『フランキア王史年表』Breviarium Regum Francorum（一部ノトカーの手になるといわれている）
四　『聖ガルスの生涯』Vista S. Galli
五　『殉教者伝』Martyrologium
六　『有名な教父伝』Notatio de Viris Illustribus

『カロルス大帝業績録』は、八八三年十二月に、カール三世（肥満王）がイタリアからの帰途、ザンクト・ガレン修道院に立ち寄って三日間逗留したさい、王から要望されて（一巻一八章）、ノトカーが執筆を約束したものである。彼は当初カールの人物像を三つの観点から考察し、それぞれ一巻をあてるつもりでいた。

先ず第一巻は、その主題を「カロルスの神と教会への配慮」（一巻跋）としたのも、王が神の委託を受けてこの世界を統べ民を治めるという彼の、いや中世の神権政治観に由来するものであろう。

第二巻では「長く垂れた外衣が、私の話題をまだ戦闘や遠征から遠ざける」（一巻三四章）と、「次の巻は……カロルスの戦績」（一巻跋）という発言から推察されるように、王の諸外国との戦争や外交を取り扱い、第三巻は「カロルスのなしとげた戦績をいくらか省略しなければ、彼の日常生活を考察する所まで云々」(二巻一六章)とある如く、スエトニウスの伝記手法に則り、王の日常生活や肉体的特徴や性格を物語る筈であった。

ところが現存するのは「序文」を欠いた第一巻と、巻末の欠落した第二巻のみで、第三巻は伝わっていない。これをどう解釈すべきであろうか。

つまり一巻「跋」からして、書かれたことの確かな第一巻「序文」が今日伝わっていないと同様に、第二巻末も第三巻も完結後に紛失したか、破損したものであろうか。それとも第二巻末で筆が絶たれたものか、第一巻の序はスエトニウスの『ローマ皇帝伝』の序にも例がある如く、(3)転写の過程で失われたとしても。

カール三世は、ザンクト・ガレン修道院に立ち寄ってから僅か四年後、八八七年十一月に廃位され、八八八年一月に他界した。(4)この四年間にノトカーが三巻ぐらいの伝記を完成できなかったとは考えられないだろう。

それにもかかわらず、訳者には未完に終わったと思えるのである。

先ず現存する第一巻と第二巻を比較すると、後者の主題の追求や文脈は首尾一貫せず、横道にそれ、事例の配列も前後し、各章の題目も、第一巻の如く容易に整理されないのである。おそらく第二巻は、推敲もされないで断念されたのではないか。

既述の如く、この著書への言及が、当時の書翰集などに見あたらないということも、この未完、少なくとも未公刊説を裏付けることにならないだろうか。

次に考えられるのは執筆の動機である。ノトカーはカール大帝を支配者の理想像として深く尊敬し、カール三世にこれを王の鑑としてもらうために筆をとった。その目的は『カロルス大帝伝』それ自体というよりも、カール三世のための（第二巻一六章）『カロルス大帝伝』であったから、カール三世が廃位されると、失望し書き続ける意慾を失ったと考えることは不可能であろうか。

アインハルトとノトカー

アインハルトを読み終えて、ノトカーに移ると、違った世界に入った気持になる。前者は軌範とした古代ローマの史伝に忠実たらんと努め、いわば異教徒的古典的なのに、後者は、中世固有のキリスト教聖者伝になじみ、そこに安住しているかのようである。

この相違の原因は著者とその時代に帰せられよう。

アインハルトはカール大帝の君側にあっていわゆるカロリング・ルネサンス（その運動の中核は死に瀕していたラテン語の再生）を推進する責任者の一人であった。それ故に、「序文」において、古典の散文作家の典型たるキケロの名を挙げ、自己弁明しつつ、いささか競い立たんとする自負すら見せたものである。

ノトカーが筆をとった頃は、すでにカロリング朝も末期で、王家は骨肉あい争い、王国は分裂し、外敵、なかんずくノルマン人の侵入などで、内憂外患が募り、かつて統一フランク王国に漲っていた文芸復興の精神の高揚は、どこにも見られず、ラテン語も次第に格調を失い、疎んじられさえしていた。

当時最高の知識人の一人であるノトカーですら、カールのある発言をラテン語に移すのは困難だと告白しているように（一巻一〇章）、その文章は曖昧と晦渋に躓き易く、ときには思い余って俗語（つまりフランク語）をそっくりラテン語化させ、しばしば表現上の独自の工夫を怠けて、安易に聖書や教父の語句や言い廻しに頼っている。(5)

アインハルトの文章世界は、古典の標準に迫ろうとする著者の努力や意気込みによって緊張感をただよわせ、古典になじんだ目にもさほど違和感を与えないが、ノトカーのそれは正しく中世ラテン語の世界である。

次に考えられる相違の理由は、著者とカールとの関係である。アインハルトはカールについて「何人も私より正確には書けないだろうと確信している」（序文）と明言し、そして、死後においても生前と同様に、カールの恩情に対して「負目」を告白している（序文）ように、王の生涯を後世に伝えることは、彼にとって義務であり責任であり、同時に感謝の表現でもあった。カールの伝記作家として、アインハルトほど申し分のない資格と動機を備えたうってつけの人物は、当時見つからなかったろう。ノトカーの場合すでに見た如く、たまたま修道院を訪れたカールの曾孫の要望に応え、曾祖父を支配者の模範として物語ることを約束した。アインハルトと比較して、執筆の動機も目的も偶発的、受動的で、カールとの関係も間接的、儀礼的であるといえよう。

このような成立事情が作品に反映するのも自然で、たとえば前者には終始一貫して、カールの生涯を正しく伝えようとする情念や使命感が感じられるが、後者ではカール大帝以外の先祖への言及、カールとは無縁の物語めいた挿話が多く見られる。

こうしてノトカーはいろいろな点でアインハルトに一籌を輸すと考えられるのに、不思議なことであるが、後者はしゃちこばった記念写真の古いアルバムをめくっているような気持を起こさせるのに、前者は生き生きとしたテレビのアニメーションを見ているような印象を与える。

それはおそらく、ノトカーの頃から、上流社会でも民間でも、すでに始っていたカール大帝の実像離れや歴史像からの意図的脱却と同時に、その虚構への接近や実体の理想化が、つまり十一世紀以降の武勲詩にうたわれるカールの伝説像《イーコン》の祖型が見られるためではあるまいか。

注

（1） Epistula ad regem 85. cf. Thorpe, 173 f.

（2） Haefele, VII ff., Manitius: Geschichte der Lateinischen Literatur des Mittelalters, I. 1959. 365f, Reallexicon der deutschen Literaturgeschichte. I. 1958. 346 f.

（3） 『ローマ皇帝伝』下巻、三七四頁以下、岩波文庫。

（4） 一巻跋によると、第一巻が八八四年五月三十日には完成していることがわかる。この調子で筆が進んだとするならば、当然八八七年の廃位までに完成していたろう。

（5） ノトカーの語法、俗語表現、聖書や教父からの借用については Haefele の注に詳しい。

あとがき

もう二十年以上も古い話になるが、アインハルトを訳した直後、たまたま京都でお目にかかることのできた筑摩書房の井上達三氏（勿論今は退職されているが）にこの話をしたところ、早速筑摩の世界文学大系66巻「中世文学集」(2)（昭和四十一年刊）に収めていただいた。顧みれば、それ以前からも今日に至るまで、じつに長い間いかに御厚情を忝うしたことであろうか。

そして最近のこと、今度は訳者として思いもかけなかったノトカーの訳業を、同じく筑摩書房の風間元治氏から勧められた。『カエサル文集』を出版していただいて以来、風間さんにも友情の負目を抱いている。

お二方に篤い感謝の意を捧げる。

＊

アインハルトの旧訳には手直しを加えた。二書の訳出において一番閉口したのが専門語、とくに服飾名や宮廷官職名であった。その他の点においても、中世史に疎い訳者は、思わぬ過ちを犯していることであろう。読者の叱正を仰ぎ、訂正したいと念願している。

訳　者

昭和六十二年十月二日

文庫版解説　カール大帝の二つの伝記

――カールの記憶の伝達とカールの利用との狭間で

菊地重仁

エインハルドゥスおよびノトケルスがそれぞれ著したカール大帝伝の翻訳を國原吉之助が刊行したのが一九八八年。長らく品切れとなっていた本書が刊行から三六年を経て文庫化されることを、カロリング朝時代のフランク王国（七五一―九八七年）を研究し教育に従事するひとりとして大いに喜びつつ、筑摩書房の英断と編集者守屋佳奈子氏のご尽力に心より感謝申し上げたい。

訳者・國原吉之助について

さて、まずは訳者である國原吉之助に触れておこう。(1)一九二六年、広島県に生まれた國原は、松江高等学校を経て、京都大学で西洋古典学を専攻した。卒業後、英語担当の高校教師として三年過ごし、関西圏でラテン語担当の大学非常勤講師を務めたのち、一九六五年（カール大帝の列聖八〇〇周年が記念された年！）、名古屋大学文学部に助教授として着任した。以後、教授への昇任を経て一九八八年の定年退官まで同大学に勤めた國原が、二〇世紀の日本を代表するラテン語・ラテン文学者の一人であったことは言うまでもない。名古屋大学在任中はもちろん、退官後に椙山女学園大学で教壇に立った時期を経て、二〇一七年に逝去するまで、旺盛な仕事ぶりで、多くの論文、翻訳、文法書、辞書などを残した（本書底本は、名古屋大時代の最後の仕事に数えられる）。没年には『古典ラテン語辞典』（大学書林）の改訂版が刊行され、同年の『図書』臨時増刊号（岩波書店）にも寄稿している。

そうした國原の研究活動の重心が古典期に置かれていたことは、國原自身が「専ら古代ローマの文学を学んでいるものである[2]」と述べているとおりであり、名古屋大退官に際して刊行された「略歴と業績」の業績リストにおいて具体的に見てとれる。そうした中で國原が中世ラテン語、中世ラテン文学に触れようとする日本語使用者に残してくれた大きな恩恵の一つが、新版が二〇〇七年に刊行され、依然として邦語で読める唯一無二の参考書である『中世ラテン語入門』（大学書林）であり、もう一つが本書底本であろう。フランク王国では八世紀末から九世紀にかけて、一般に「カロリング・ルネサンス」として知られる文化的興隆をみたが、そのような当時の文化を代表する二人の著作家たちによる同一主題のテクストを日本語で読み比べられるのは、大変にありがたいことなのだ。以下、本書に収録された二作品について、本書底本の刊行以降の研究の進展を踏まえつつ若干の解説を加えたい。

アインハルトについて

まずは一人目の著者、アインハルトのプロフィールを、國原の「解題」を適宜補足改訂しつつ簡単に記しておく。(3) ラテン語作品ゆえに本書ではエインハルドゥスとクレジットされてはいるが、彼自身アインハルト Einhart と称していたがゆえに、以下後者の呼称を用いよう。

七七〇年頃にマインガウ地方の高貴な家に生まれた彼は、幼少期からフルダ修道院で教育を受けた。七八八年からは一〇歳ほど年少のラバーヌス・マウルスも同様にフルダで学んでおり、この修友はアインハルトの死に際し追悼詩文を墓に刻んでいる。フルダにいた頃のアインハルトについて知られることはほとんどないが、八〇年代末から九〇年代にかけてフルダ修道院関連の文書に見られる同名の書記がしばしば伝記作者アインハルトと同一視される。この頃は修道院長バウグルフ（位七七九―八〇二）の下で修道院文書の発給体制が整えられていく時期であり、アインハルトもその中に組み込まれたものと考えられている。しかし彼は修道士になることはなく、また聖職者として叙階を受けた形跡もない。

アインハルトが宮廷に迎え入れられた時期ははっきりしない。しかし七九六年に書かれた詩文中に彼の存在が言及されているため、そこが下限であろう。いずれにせよ、カールがもっぱらアーヘンに滞在しながら王国を統治した時期にあたる。宮廷において給養され、彼の巡行にも同行しつつ、学識者、「建築家」、あるいは助言者として活躍し、時には宮廷を離れ外交使節として重要な役割を果たしながらも——八〇六年二月にティオンヴィルで開催された王国集会で王国の相続計画が定められると、この文書に教皇レオ三世の署名を得るため、アインハルトがローマに派遣されたことが知られている[4]——、この時期に宮廷外になんらかの収入源が与えられた形跡はない。(國原が言うように複数の司教座ではなく)複数の修道院を与えられたのは、ルートヴィヒ敬虔帝の治世になってからである。そうした修道院の一つ、ベルギー・ヘントのシント・バーフ修道院からは、彼がしたためた書簡をまとめた手稿本が伝来している[5]。

彼の残した著作の中で『大帝伝』と並び興味深いのは、彼が宮廷を去った後の八三〇年頃に執筆された、聖マルケリヌスと聖ペトルスに関わる二作品である。ルートヴィヒ帝から下賜された領地のうちにあるミヒェルシュタットに隠遁のための住居と教会を用意していたが、後者の献堂のためには聖遺物が必要であった。『聖マルケリヌスと聖ペトルスの移葬と奇跡』で語られるのは、両聖人の聖遺物を、「聖なる盗み」によってローマから入手した顚末である。両聖人の望みで、遺体はミヒェルシュタットではなく現在のゼーリゲンシュタットまで奉遷され、同地の修道院に安置されることになる。[6] こうして自らの修道院の守護聖人となった二人の受難を、アインハルトは韻文形式で描写し、[7] 同地で八四〇年三月一四日に死去した。

なお『フランク王国編年誌』（七四一―八二九年の記事を収録）はルートヴィヒ敬虔帝治世初期にカール大帝治世末期までの部分の改訂版が作成されており、かつては（國原も言及しているように）その改訂作業がアインハルトの筆に帰されていたが、その説は現在支持されておらず、アインハルトがこの改訂版を彼の『大帝伝』に利用しているものと考えられている。[8]

ノートカーについて

（未完成であることもあって）逸名作家のテクストとして伝来している『カール大帝事績録』（國原訳では『業績録』）をザンクト・ガレンの修道士ノートカーの手によるものとする見解は、依然として有効である。[9] ゆえにここでも國原の解題を適宜修正しつつつノートカーという人物について述べておこう。

研究者たちによる彼への「吃者（*balbulus*）」という添え名は、彼自身の自己描写（「吃音で歯も欠けている」）に由来する。ノートカーは、八四〇年頃にヨンシュヴィル Jonschwil あたりのアレマニア貴人家系に生まれ、幼少期に奉献児童 *puer oblatus* としてザンクト・ガレン修道院に入り、教育を受けた。この時の教師として知られるイゾやメンガル、学友のラートペルトやトゥオティロはそれぞれ学識や文才・詩才に長けた、ザンクト・ガレン修道院の黄金期を飾る人物たちである。のちにノートカー自身も同修道院で教師（*magister*）として教育に従事することになったが、その評判は修道院外にも伝わり、ライヒェナウ修道院のヘルマンは彼を「博学な教師 *magister doctus*」と呼んだ。晩年には図書室長（*bibliothecarius*、八九〇年）、救貧院長（八九二―八九四年）を相次いで務め、九一二年四月六日に死去した。死後約六〇〇年が経過した一五一三年に列福されているが、一三世紀初頭にはすでに彼の列聖を目的として、ノートカーの生涯を描く作品がザンクト・ガレン修道院にて制作されている。(10)

ノートカーという人を知る手掛かりとして、彼自身による語りを見ておこう。初期中世の文筆家としては珍しく「自筆原稿」と思われるものが特定されており、そのうちの一つが現在ザンクト・ガレン修道院図書館で写本番号一四を付された手稿本に見出せる。この手稿本は旧約聖書および続編の一部（ヨブ記、トビト記、ユディト記、エステル記、第一エズラ記［＝エズラ記］、第二エズラ記［＝ネヘミヤ記］）を収録しているが、直後、一人称で語られるノートカーのコメントが続いており、この部分が自筆と見做されているのである。[11]「不相応にも聖ガルスの修道士たる私ノトケルスは、まだ若き折に、ライヒェナウの極めて古い書物のうちに、以下に続く謎めいた話（エニグマータ）を読んだが、それらを戯言か、あるいは全く無価値なものに数えていた。しかし時が流れる中で、聖アウグスティヌスの書物、特に神の国についての書物を読み始めると、彼がいかなる権威のうちにそれら（＝エニグマータ）を受け止めていたのかを知った。私は神の恩恵により聖ガルスの図書室に数多く（の書物）を加えてきたが、その図書室のためにこれらを書き留めることを怠り欺くのは罪であると考えた。というのも私はかつて、『エレミヤの手紙』や、いとも練達なヒエロニュムスが価値を低く見たものの他の教会人たちによって利用されてきた『バルク書』も、この預言者（＝エレミヤ）（の書）の末尾に書き留めさせたからである。[12]」ライヒェナウ修道院の蔵書を熱心に読む青年期の、そしてザンクト・ガレン修道院の蔵書充実や質的管理、テクストの批判的解釈・評価に励む図書室長としてのノートカーの姿を読み取れるだろう。

さてノートカーはそうしてテクストの筆写に関わり修道院の図書室を充実させただけでなく、彼自身多くの著作を残している。とりわけ著名なものは、彼がまとめた『賛歌集(Liber ymnorum)』であろう。初期続唱(セクエンツィア)を確立したものと評価されている。[13]彼のこうした歌、詩文に関する才能は他の作品にも発揮されており、最初の殉教者ステファノの生涯と奇跡譚を詩文として書き上げた他、[14]自身の所属する修道院の守護聖人である聖ガルスの生涯をも同様に韻文で著した。[15]

サロモ三世書式集(サロモ三世はノートカーの弟子であり、ザンクト・ガレン修道院長とコンスタンツ司教を兼務した人物)として知られる書式集は、ノートカーの書簡や詩文を含んでおり、現在では元々ノートカーが編纂したテクスト集成であったと考えられている。[16]このテクスト集成/書式集を含む手稿本に収録されている書簡の一通は多くの殉教者や詩人の生涯や受難に言及しており『著名者一覧』として知られているが、これもノートカーの著作である。[17]さらに伝説上の初代フランク王ファラムンドから八二六年に至る歴代フランク王の歴史を描いた『フランク王小史 Breviarium regum Francorum』の続編部分(八四〇—八八一年)の著者も、ノートカーだとされている。[18]

テクストの受容と伝来

次いで、両作品の成立状況並びにその後の受容状況、テクストの伝来状況についてコメントしておこう。[19]

本書底本刊行後に公にされた研究成果のうち、『大帝伝』の成立・伝来に関して最も大きなインパクトを持ったのは、二〇〇一年のマティアス・ティシュラーによる大著であろう。[20]ティシュラーは、アインハルトの『大帝伝』は断片を合わせると一二三の手稿本に伝来しており、そのうち一〇五点が中世に作成されたものだということを示したが、[21]彼の研究が呼び水となって手稿本調査が進み、現在では一五〇点の手稿本が確認されている。[22]中世におけるベストセラー作品と言えよう。

ティシュラーは彼が一覧化した手稿本それぞれの伝来系統を綿密に調査し、大きな系統に分けている。とりわけ興味深いのは最初期の二つの系統、すなわち（A）アインハルトの原著（「公式版」）の系統と、（B）ルートヴィヒ敬虔帝献呈版の系統、それぞれのその後の伝播の様子が描き出されていることである。アインハルトから宮廷図書室長ゲルヴァルドゥス（宮廷におけるアインハルトの後継者と目されている）に（A）版テクストが送付されると、後者は筆写し皇帝への献呈辞を付すが、その際に致命的な筆写ミスを犯しているというのである（［B］版の成立）。すなわち、かの有名な『ローランの歌』の着想源となったエピソードであるロンセスバジェスの戦いに関し、犠牲者としてローランの名を記し損なってしまったのだ（第九章）。しかしながらこの献呈版は宮廷からさらに流布していった。

他方（A）版も広まりを見せ、早くも八三〇年頃にはロルシュ修道院で所蔵が確認でき、同じ頃にフルダ修道院でのちのフェリエール修道院長ルプス（アインハルトとの文通でも知られる）が読んだのもこの版だと考えられている。こうした最初期の受容事例も考慮しつつティシュラーは『大帝伝』執筆時期を八二八年頃だとし、同時期に見られたカール批判や、敬虔帝によって企てられていた種々の改革の機運に対するアインハルトの反応であり、文化批判であると解釈している。しかしながら、ティシュラーの著作の全体的な影響力は大きいものの、この執筆時期の特定に関しては通説となるには至らず、依然として研究者たちはこの問題を議論し続けている[23]。いずれにせよ、ルプスがアインハルト宛の書簡で『大帝伝』に言及して以降、文体であったり内容であったり様々なかたちでの同作品の受容がカロリング期のテクストに見られるようになる。早期の重要な一例として、トリーア在郷司教テガヌスによる『ルートヴィヒ帝事績録』（八三六／三七年頃執筆）という次代の君主伝が挙げられる。

加えて記しておくべきは、模範君主としてのカール像は『大帝伝』を通じて彼の子孫たちに伝えられていたということである。ザンクト・ガレン修道院長グリマルトは、東フランク王ルートヴィヒ二世（長らく「ドイツ人王」とあだ名されてきた王）の文書発給責任者としても活動していたが、彼は王に対し『大帝伝』を収録した手稿本を献呈している。同様に、ルートヴィヒの弟である西フランク王シャルル（禿頭）もまた、同名の祖父の功績が描かれたテクストを読んでいた。

さて、実はオリジナル・バージョンにおいて著者の名は挙げられていない。ゲルヴァルドゥスによる敬虔帝への献呈辞において、あるいはアインハルトの死後まもなくライヒェナウ修道院の修道士ヴァラフリート・ストラボが（本書翻訳にも見られる）各章の見出しと共に追加した序言において、アインハルトの作品であると明示されているがゆえに、我々はこの作品がアインハルトのものであると考えている。しかしこうした著者の特定は、中世において確実なものではなかったようである。一〇世紀末ないし一一世紀初頭にクリュニーで製作された手稿本では、『大帝伝』が「アルクインによって編纂された」作品なのだと上書きされていることをティシュラーは示している。彼はこの手稿本に見られる上書きの出所をカールの助言者として名高いアルクインがかつて修道院長を務めたトゥールのサン・マルタン修道院に見ている。記憶の捏造による、自分たちの先任者の称揚の試みと言えよう。

さて國原も言及しているように、『大帝伝』の伝来において、特徴的なテクストの組み合わせパターンがいくつか（ティシュラーによれば地域的偏差も併いつつ）存在することが指摘されてきた。例えば①テガヌス『ルートヴィヒ帝事績録』第一〜七章、②アインハルト『カロルス大帝伝』、③『フランク王国編年誌』改訂版（八二九年の記事まで）、④『ルートヴィヒ帝事績録』八〜五八章といった組み合わせ（九世紀半ばにロルシュで形成されたパターン）が一例である。アストロノムス（天文学者）とあだ名される逸名著者による『ルートヴィヒ帝伝』もまた、ほとんどもっぱら『カール大帝伝』と共に伝来している。未完成に終わり、広く筆写されることがなかったノートカーの『事績録』が広まり始めるのは、ようやく一一世紀末になってからのことであり、それはもっぱら『大帝伝』伝来の型の一つを形成するようになる。すなわち、『大帝伝』、『フランク王国編年誌』改訂版、『事績録』という、カール個人に焦点を当てたテクストの組み合わせ（ティシュラーが呼ぶところの「カール集成大規模版 Großes Karlskompendium」）においてことであることは、強調しておきたい。なお、ノートカーの『事績録』執筆事情について、國原が解説で言及している通説は依然として有効である。すなわち八八三年一二月にイタリア遠征からの帰途ザンクト・ガレン修道院に立ち寄ったカール三世（「肥満」。当時既に皇帝）の依頼を受けて執筆を開始した、しかし八八七年のカール廃位を契機に執筆は中断された、という想定である。ただし現存する第一書、第二書がそれぞれいつ頃書かれたのか、という点については研究者の意見が分かれている。[24]

テクスト研究のひろがり

次に、本書に収録された両作品が、現代の研究者たちによってどのように読まれているのかという点にも言及しておきたい。なお本書底本の刊行後、両作品ともに國原が翻訳の底本とした Holder-Eggers 版および Haefele 版に代わるような新たな校訂版刊行は実現しておらず、[25] 研究者たちが研究に利用しているテクストは変わっていない。他方で両作品、とりわけアインハルトのテクストの各国語翻訳が相次いで出版されており、それらに付された序論・解題や注釈は、テクスト読解の進展を感じさせるものである。[26]

さて前節で言及したような伝来状況が明らかになるにつれ、九世紀以降に両テクストが如何にして筆写され、読まれ、利用されたのか、という問いが立てられた一方、著者それぞれの執筆意図とその成果や如何、といった形の問いも依然立てられている。例えばアインハルトの『大帝伝』は、カールの宮廷メンバーの一員だったという彼の経歴ゆえに、カールに関するある種の目撃証言として、「歴史的事実」を汲み取るための源泉（ソース）としても読まれるという状況は、依然として変わらない。しかし同時に、アインハルトによるカールという君主およびその治世を理想化する傾向性も認められており、その意味において、『大帝伝』はカールの「伝説化」の出発点ともみなされている。(27)

ノートカーの『事績録』については、逸話的であったり、ユーモラスであったり、説教くさかったり、あるいは歴史的に不正確だったりという理由で、実証主義的な観点からは史料としての価値を低く見積もられていたが、近年は様々な読み方が試みられており、カールの伝説化の一里塚にはとどまらなくなっている。例えばノートカーが執筆にあたった九世紀末頃の、（少なくとも）修道士たちが諸々のことに関して抱いていたイメージを探るような読み方も提示されている。(28) 他方、サイモン・マクリーンは本作を巧妙な政治的作品とみなし、政治的現場への批判も織り込まれた君主鑑的な役割が期待されていたものと考えている。アインハルトの『大帝伝』とは異なりキリスト教的な色彩の濃い筆致なのは、単に著者が修道士だからという理由ではなく、君主らに求められるキリスト教的徳性・倫理性が描写の中に埋め込まれているからだとする。(29) しかしノートカーのテクストは未完成に終わっており、残念ながら同時代における影響力を考察することはできない。

訳語について

國原が「あとがき」で宮廷官職について訳語選択の不安を吐露しているので、最後にこの点に若干触れておこう。

『大帝伝』第九章にてロンセスバジェスの戦いの犠牲者として言及されているエギハルドゥス（エックハルト）の役職 *regiae mensae praepositus* を國原は「宮廷料理長」と訳しているが、これはあたかも自ら料理に携わる者であるかのような誤解を与えかねない。この役職は、他の史料群において *senescalcus* と称されている宮廷内の役職である。カロリング期においてこの役に就いた者は従者たちを監督しつつ宮廷運営一般を司り、王の食卓を整えるべく食糧供給にも責任を負った(30)。一般に「セネシャル」と音写されるか「家令」などと訳される。

アヴァール人たちとの戦いを描く同書第一三章においては、カールが軍事指揮権を委ねた人々として王息ピピン（イタリア王）に加え *praefecti provinciarum, comites atque legati* が挙げられている。國原はそれぞれ「辺境の総督」、「伯」、「代理」と訳しているが、「伯」以外の二つにコメントしておきたい。まずは *praefecti provinciarum* だが、この章で言及されている「フォルム・ユリイの大公エリクス」

（フリウリ公エリク）も「バイオアリアの総督ゲロルドゥス」（バイエルンのゲロルト）も「辺境」、境界域に限られない、より広い一つの地域単位を任されているということ、*praefectus* という職名は九世紀前半、すなわちアインハルトが『大帝伝』を執筆する頃に登場してきたものであり、第一三章で描かれているアヴァール戦役が進行中であった八世紀末の――伝来している限りの――史料にはみられないものであることに注意しておきたい[31]。つまりアインハルトの叙述には、こうした細部においても、執筆時点の「現在」が過去に投影されていると思われる箇所があるのだと言えよう。他方 *legatus* は、通例「使者」、「使節」などと訳されるが、ここでは國原がそうしたように「代理」と解するのが適切である。他方、訳註10で國原はこれが *missus comitis*「伯の巡察使」を指すのかと推論しているが、これは王の代理と解釈すべきだろう。というのも、カロリング期の史料には、同じく通例「使者」と訳される *missus* という言葉が、フランク王によって派遣された軍を王の代理として指揮する人物を示す事例が散見されるからである[32]。

『事績録』についても一点指摘しておこう。第一書第一節の冒頭文の解釈について、國原は訳註1を付け、ローマ帝国の崩壊後、次なる世界帝国となったカールの王国の永久性について述べられているものと推測している。ところで國原が翻訳の底本とした版の編者ヘーフェレも脚注で挙げているように、ここは『旧約聖書』の『ダニエル書』第二章、すなわちかの有名なネブカドネザル（二世）の夢解釈の場面を引き合いに出されているのであり、そこから生じた「四王国説」を念頭に解釈しなくてはならない。ネブカドネザルが見た頭が金、胸と腕が銀、腹と腿が青銅、脛が鉄、足は一部が鉄で一部が陶土でできているという巨像は、ネブカドネザルの王国とそれに続く三つの国を指すとダニエルは解釈した。この時、ネブカドネザルが金の頭であり、続いて興る国々は彼の王国に劣るものとされている。キリスト教が広まって以降、最後の四つ目の（分裂し、鉄のような強い部分と陶土のように脆い部分を持つ）王国に該当すると考えられたのはローマ帝国であった。この四つ目の王国の時代に神は永遠に続く国を興す、すなわちキリストの再臨と最後の審判での裁きがある、ということになる。しかしここでノートカーは、こうした伝統的解釈とは異なり、もう一体の新たな像を想定し、神がその「黄金の頭」として据えたのがカールだとしている。この時カールの王国はかつてのネブカドネザルのそれ（新バビロニア）に勝るとも劣らないものとされているのである。二体目の像を持ち出すこのような叙述は中世において他に例を見ないものではあるが、一体目への言及の仕方からして、大きな歴史的連続性の中にカールの大帝国を位置付けようとした叙述だとゲーツは解釈している。他方で、この二体目が想定されたことにより、来るべき終末は先延ばしとなり、カールの王国は新たな歴史サイクルの始まりでありかつ新たな絶頂期ともみなされているというのである。アインハルトの叙述とノートカーの叙述との差異を強調するガンツは、新たな始まりという点を強調するゲーツの解釈を補足しつつ、ノートカーがこうした歴史的イメージを神の差配のもとにおいているという点を十分に理解すべきだと主張している。いずれにせよ、フランク王国の永続性が語られているとは考え難いと思われる。(33)

最後にこのような訂正や補足を行ったからといって、國原の訳業の価値が損なわれるものではない。ヨーロッパ統合に貢献した人々に対し毎年「カール賞」が授与されているように、現代のヨーロッパにおいてカールという人物の「魅力」は決して歴史研究者・歴史愛好者だけに訴えかけるものではない。彼の記録・記憶を伝え、そのイメージを喚起する主要な源泉である二作品を我々が日本語で（*propria lingua!*）読めることを國原に感謝しつつ、文庫化された本書がより広い読者層に届き、今後も読み継がれることを願ってやまない。

（きくち・しげと　ヨーロッパ中世史　東京大学大学院准教授）

註

（1）國原の略歴と名古屋大学退職までの著作については「國原吉之助教授　略歴・業績目録」『名古屋大学文学部研究論集（文学）』三五（一九八八年）一―二頁を参照。その後に刊行された著作はNDL Search（https://ndlsearch.ndl.go.jp/）等のオンライン・データベースや版元のウェブサイトで確認した。なおWikipedia上の國原の記事には逝去の日付（二〇一七年四月二五日）まで記されているが、典拠は不確かである。没年については筑摩書房がご遺族に確認したとのことである。

なお本稿の註に挙げられたウェブサイトの最終閲覧・確認日は二〇二四年一〇月二四日である。

（2）國原吉之助『中世ラテン語入門』新版、大学書林、二〇〇七年、iii頁。

（3）アインハルトの生涯についてはHermann Schefers, "Einhard - ein Lebensbild aus karolingischer Zeit", in: *Geschichtsblätter Kreis Bergstraße* 26（1993）, 25-92; *idem*（ed.）, Einhard. Studien zu Leben und Werk（Arbeiten der Hessischen Historischen Kommission NF 12）, Darmstadt, 1997; Steffen Patzold, *Ich und Karl der Große. Das Leben des Höflings Einhard*, Stuttgart, 2013; Hermann Schefers（ed.）, Einhard. Studien zu *Leben und Werk*（Arbeiten der Hessischen Historischen Kommission NF 39）, Regensburg, 2019. 本書にも収録されている「ヴァラフリドゥス・ストラボの序言」もまた、アインハルトを知る重要なテクストである。

（4）Shigeto Kikuchi, *Herrschaft, Delegation und Kommunikation in der Karolingerzeit.*

Untersuchungen zu den Missi dominici (751-888) (MGH Hilfsmittel 31), Wiesbaden, 2021, pp. 489f.

(5) Annette Grabowsky/Christoph Haack/Thomas Kohl/Steffen Patzold (ed.), *Einhards Briefe. Kommunikation und Mobilität im Frühmittelalter* (Acta Einhardi 3), Seligenstadt' 2018.

(6) Einhard, *Translatio et miracula Sanctorum Marcellini et Petri = Translation und Wunder der heiligen Marcellinus und Petrus,* ed. by. Steffen Patzold et al. (Acta Einhardi 2), Seligenstadt, 2015. Cf. Patrick J. Geary, *Furta Sacra. Thefts of relics in the central Middle Ages,* 2nd ed.,, Princeton, 1990; 秋山聰『聖遺物崇敬の心性史：西洋中世の聖性と造形』講談社選書メチエ、二〇〇九年（講談社学術文庫、二〇一八年）第二章。

(7) "Passio martyrum Marcellini et Petri", ed. by Ernst Dümmler, in: *Poetae Latini aevi Carolini II* (MGH Poetae 2), Berlin, 1884, 126-135.

(8) Cf. Roger Collins, "The 'reviser' revisited: another look at the alternative version of the Annales regni Francorum", in: Alexander Callander Murray (ed.), *After Rome's Fall. Narrators and Sources of Early Medieval History. Essays Presented to Walter Goffart,* Tronto - Buffalo - London 1998, 191-213.

(9) 以下に続くノートカーの生涯に関する記述については次の文献とそこに引用されている史料を参照。Aris, Marc-Aeilko, "Notker Balbulus", in: *Neue Deutsche Biographie* 19, Berlin, 1999, p. 362 [Online-Version]: https://www.deutsche-biographie.de/pnd118588850.html];

Sabina Foidl, "Notker I. von St. Gallen", in: *Deutsches Literatur-Lexikon Das Mittelalter*, ed. by Wolfgang Achnitz, vol. 1: Das geistliche Schrifttum von den Anfängen bis zum Beginn des 14. Jahrhunderts, Berlin - New York, 2011, col. 118-125. 邦語ではノートケル（岩本潤一／平林冬樹訳）「賛歌集」上智大学中世思想研究所編訳・監修『中世思想原典集成 第六巻 カロリング・ルネッサンス』平凡社、一九九二年、六三四―六三九頁や岡地稔「吃者ノトカーとカール三世の後継問題」『アカデミア（人文・社会科学編）』二〇（二〇二〇年）三七―七二頁を参照。ヴェルナー・W・フォーグラー編（阿部謹也訳）『修道院の中のヨーロッパ：ザンクト・ガレン修道院にみる』（朝日新聞社、一九九四年）はノートカーの頃のザンクト・ガレン修道院の文化的状況を知るのに有益であり、彼についてはとりわけ「典礼」、「教会歌唱」、「教育と学習」、「ラテン語の文学」、「ドイツ語と文学」についての各章で言及されている。六七、一三二頁にはそれぞれ一一世紀に描かれたノートカーの肖像も掲載されている。

（10） Vita beati Notkeri Balbuli についてはバイエルン学術アカデミーのプロジェクト・ウェブサイト Geschichtsquellen des deutschen Mittelalters の該当ページとそこに列挙されている関連文献を参照（https://www.geschichtsquellen.de/werk/2094）。

（11） Hartmut Hoffmann, "Autographa des früheren Mittelalters", in: *Deutsches Archiv für Erforschung des Mittelalters* 57（2001）, 1-62, pp. 48f.

（12） St. Gallen, Stiftsbibliothek, Cod. Sang. 14, p. 331. この手稿本はウェブサイト e-codices にて閲覧可能（https://www.e-codices.ch/de/searchresult/list/one/csg/0014）。同サイトには手稿本の概略説明があり、ここに引用したテクストも転写されているが、転写ミスがある（×

defudaverim ○ defrudaverim)。

なお実際、引用したノートカーのコメントに続いて、アウグスティヌス『神の国』第一八巻第三六章(ノートカーは一五章と表記)と、『第四エズラ記』(=「エズラ記(ギリシャ語)」第三・四章(見出しは「三人の若者たちのエニグマータ」)が筆写されている。

(13) ノートケル「賛歌集」、六三一―七一五頁。

(14) 同じ修道院で友情を育んだラートベルトのメッス司教叙階(八八三年)を契機に書かれたもの。ステファノはメッス司教座教会の守護聖人である。

(15) Metrum de Vita s. Galli については https://geschichtsquellen.de/werk/3796 を参照。

(16) https://geschichtsquellen.de/werk/2327

(17) Notatio de viris illustribus については https://geschichtsquellen.de/werk/3795 を参照。これとは別にノートカーはさらに『殉教者伝』を著している。https://geschichtsquellen.de/werk/3794

(18) https://geschichtsquellen.de/werk/2210

(19) カール大帝を含むカロリング期の人やモノ、出来事などの中世における受容、記憶の想起などについては『西洋中世研究』第一二号(二〇二〇年)の特集「カロリング期の記憶」所収の諸論考も参照していただきたい。

(20) Matthias M. Tischler, *Einharts Vita Karoli. Studien zur Entstehung, Überlieferung und Rezeption* (Monumenta Germaniae Historica Schriften 48), Hanover 2001. 以下、本節の叙述は同書に基づくもので、紙幅の都合上、個別参照指示は省略する。

（21）ティシュラーはさらに一一点の滅失手稿本を挙げている他、諸修道院の中世における蔵書カタログに見られる『大帝伝』への言及もリストアップしている。さらには、二九章に見られる月・風の「蛮族語」表記や三一章に引用されたカールの墓碑銘などは、抜粋され別途伝来しているが、ティシュラーはその状況をも整理している。

なお「蛮族語」は *barbara nomina* の國原訳。同章ではフランク人の「固有の言語 *propria lingua*」（國原訳は「自国語」だが、アナクロニスティックな表現だと思われる）とも言い換えられている。この時代の言語をしばしば「古高ドイツ語」と称することがあるが、この概念が孕む問題について、三佐川亮宏『ドイツ：その起源と前史』創文社、二〇一六年、九五―九八頁を参照。この意味で、『業績録』第一巻訳註10のコメントは注意して読まなくてはならない。

（22）http://www.mirabileweb.it/title/vita-karoli-magni-einhardus-n-770-ca-m-14-3-840-title/4230

（23）例えばマッキタリックはカールの死（八一四年）から数年以内、おそらく八一七年以前という早期の成立を想定している。Rosamond McKitterick, *Charlemagne. The formation of a European identity*, Cambridge, 2008, pp. 7-20. なおマッキタリックは同箇所で、しばしば指摘されるスエトニウスの『ローマ皇帝伝』、とりわけ「アウグストゥス伝」の影響や、アインハルト自身が序文で言及するキケロの影響に加え、タキトゥスの『アグリコラ』がアインハルトに影響を与えたことを指摘している。他方パッツォルトはティシュラーより少し遅く八二九年の執筆を想定しているが、執筆目的は「批判」や「訓戒」ではなく、宮廷を離れた自身が皇帝や社会にとって依然「有用」であることを示すためのものであったと主張している。Steffen Patzold, "Einhards erste Leser: Zu Kontext und Darstellungsabsicht der *Vita Karoli*", *Viator* 42/3 (2011) 33-55; Patzold, *Ich und Karl*, pp. 193-205.

(24) この点について、差し当たり Simon MacLean, *Kingship and politics in the late ninth century. Charles the Fat and the end of the Carolingian empire* (Cambridge Studies in Medieval Life and Thought Fourth Series 57), Cambridge, 2003, pp. 201-224; 岡地「吃者ノトカー」三八—三九、五九—六二頁を参照。なお岡地は八八四年には第一書執筆が完了していたという國原の想定を批判している。

(25)『大帝伝』については前述のティシュラーが新版編纂を予告している。

(26) Geschichtsquellen des deutschen Mittelalters の両作品のページにおいて、それぞれの校訂版、翻訳および研究文献を一覧できる。『大帝伝』は https://geschichtsquellen.de/werk/2083。『事績録』は https://geschichtsquellen.de/werk/3792。

(27) Cullen J. Chandler, "Charlemagne: already a legend", in: *The Legend of Charlemagne. Envisioning Empire in the Middle Ages*, ed. by Jace Stuckey (Explorations in Medieval Culture 15), Leiden – Boston, 2022, 13-31, here pp. 15-20.

(28) ノートカー『事績録』を新たな角度から読み解こうとした研究の例として、まず Hans-Werner Goetz, *Strukturen der spätkarolingischen Epoche im Spiegel der Vorstellungen eines zeitgenössischen Mönchs. Eine Interpretation der „Gesta Karoli" Notkers von Sankt Gallen*, Bonn, 1981や David Ganz, "Humour as history in Notker's Gesta Karoli Magni", in: Edward

King/Jacqueline Thibault Schaefer/William B. Wadley（eds.）, *Monks, Nuns, and Friars in Mediaeval Society*（Sewanee Mediaeval Studies 4）, Sewanee, 1989, 171-183を挙げておく。前者はノートカーのテクストを、読者に対する道徳的教育効果を狙ったものと捉えつつ、そこに執筆当時の社会や統治秩序の構造に関する同時代認識やイメージなどが表現されている様を見てとった。後者はノートカーが、同じカールという君主をモチーフにした教育的テクストを著しつつも、アインハルトの世俗的な叙述から、キリスト教的な側面を強調する叙述へと転換を図っていることを指摘した。さらに彼の作品に見られる多くのユーモアに着目し、ノートカーや同時代人たちにとって笑いは内容の理解を表すものだったと述べている。その他最近の例としては、例えばSteffen Patzold, *Episcopus. Wissen über Bischöfe im Frankenreich des späten 8. bis frühen 10. Jahrhunderts*（Mittelalter-Forschungen 25）, Ostfildern, 2008, pp. 442-459はノートカーのテクストに見られる司教の理想と現実に関する認識を論じ、Ileana Pagani, "L'oltremare nei Gesta Karoli Magni imperatoris di Notkero Balbulo", *Schola Salernitana. Annali* 22（2017）133-166はイスラーム世界等「海の向こう」の世界に関するイメージを論じている。

（29）MacLean, *Kingship and politics*, pp. 199-229. ただしマクリーンの「マインツ大司教批判」テーゼに対し、パッツォルトは批判的である。Patzold, *Episcopus*, pp. 444f. 政治的文脈での読解の試みについては、ノートカーの『事績録』執筆当時に顕在化していたカール三世の後継問題への彼の積極的な関与を同テクストに読み取ろうとする研究者たちの姿勢に待ったをかける岡地「吃者ノトカー」も参照。

(30) Hinkmar von Reims, *De ordine palatii*, ed. & trans. by Thomas Gross/Rudolf Schieffer (MGH Fontes iuris Germanici antiqui in usum scholarum separatim editi 3), Hanover, 1980, p. 74 with n. 169; Werner Rösener, "Seneschalk", *Reallexikon der Germanischen Altertumskunde*, 2nd ed., edited by Heinrich Beck/Dieter Geuenich/Heiko Steuer, vol. 28, Berlin – New York, 2005, pp. 158f.

(31) Andrea Stieldorf, *Marken und Markgrafen. Studien zur Grenzsicherung durch die fränkisch-deutschen Herrscher* (MGH Schriften 64), Hanover, 2012, pp. 193-197. シュティールドルフによれば、王国境界域の防衛任務と結びついた軍事的性格を帯びたものとしてのこの職名の用例は、九世紀前半に集中している。

(32) Kikuchi, *Herrschaft*, pp. 56 & 234f.

(33) *Notkari Balbuli Gesta Karoli*, ed. Haefele, p. 1, n. 2; Goetz, *Strukturen der spätkarolingischen Epoche*, pp. 69-72; Ganz, "Humour", pp. 174f. Lorenzo Di Tommaso, "The four kingdoms of Daniel in the early mediaeval apocalyptic tradition", in: Andrew Perrin/Loren T. Stuckenbruck (eds.), *Four kingdom motifs before and beyond the Book of Daniel* (Themes in Biblical Narrative 28), Leiden – Boston 2020, p. 229 は、ここでの「カロルス」をカール三世だと解釈しているようにみえるが、この解釈は本文の文脈にそぐわないものと思われる。

	カロルス，ローマを訪ね，教皇と会見
775〜776	フォルム・ユリイ公フルオドガウススの叛乱
778	カロルス，ピレネ山脈を越え，ヒスパニアへ侵入
	ロンスボーの敗北
781	東ローマ帝国の女王イレネが自分の息子とカロルスの娘との結婚を申込む（787 破談となる）
781	カロルス，イタリアへ旅行。ハドリアヌス教皇カロルスの息子ピピヌスとフルドヴィクスに王冠を授ける
781/2〜792	アルクイヌス，アクアスグラニに滞在。学芸の復興にあずかる
786	ブリトネス人との戦い
787〜788	バイオアリア公タシロ（Ⅲ）の叛乱
787	カロルス，ローマでハドリアヌス教皇と復活祭をすごす
789	スクラウィ人との戦い
791	パウルス・ディアコヌス，ペトルス・ピサヌス，パウリヌス・ノラ，アクアスグウニに来て，学芸の復興に力を貸す
791〜799	フニ族との戦い
792	妾腹の子ピピヌス，カロルスの暗殺を企む
796〜804	アルクイヌス，トールのサンマルタン修道院へ移る
797	バグダッドへ使節をおくる（再度807年）
799	ノルドマンニ人の侵入始まる
800	クリスマスの日，レオ（Ⅲ）教皇によりカロルスの戴冠
801	バグダッドから使節の到来，807 再度到来
805〜806	ベマニ人との戦い
808	リノネス人との戦い，ノルドマンニ人の侵入
810	フリシアを攻撃，ダニ人と戦う
	東ローマ帝国，コルドバ王国，ダニ人の首長らと平和条約を結ぶ
814	カロルス没す

年　表

476	西ローマ帝国滅亡
481～511	クロドウェクスの全盛時代（フランキアを統一し，メロウィンギ朝を建てる）
527～565	東ローマ帝国皇帝ユスティニアヌスの時代
568～774	イタリアにランゴバルディア王国が建つ
590～604	ローマ教皇グレゴリウス一世
697～698	回教徒，カルタゴを占領
711	回教徒，ヒスパニアを征服
714～741	カロルス・マルテルス，フランキア王国の全権を握る
732	カロルス・マルテルス，回教徒の侵攻を阻む。ポウァティエの戦い
751～768	メロウィンギ朝のヒルデリクス（Ⅲ）王，廃位されピピヌス王位につき，カロリンギ朝始まる
754	ステファヌス（Ⅱ）教皇ピピヌスの二人の息子を共同後継者とする
760～768	アクイタニア戦
768	ピピヌス死し，王国は二人の息子カロルスとカルロマンヌスに分けられる
769	アクイタニア叛乱
770	カロルス，ランゴバルディア王デシデリウスの娘と結婚
771	カロルス，上記の妻と離婚し，アラマンニアのヒルディガルダを娶る。弟カルロマンヌス死す カロルス全王国を統一
772～804	サクソニア戦
773	カロルス，ハドリアヌス教皇の要請で，ランゴバルディア王国の都ティケヌムを包囲
774	ティケヌム陥落，デシデリウス廃位される ランゴバルディア，フランキア領となる

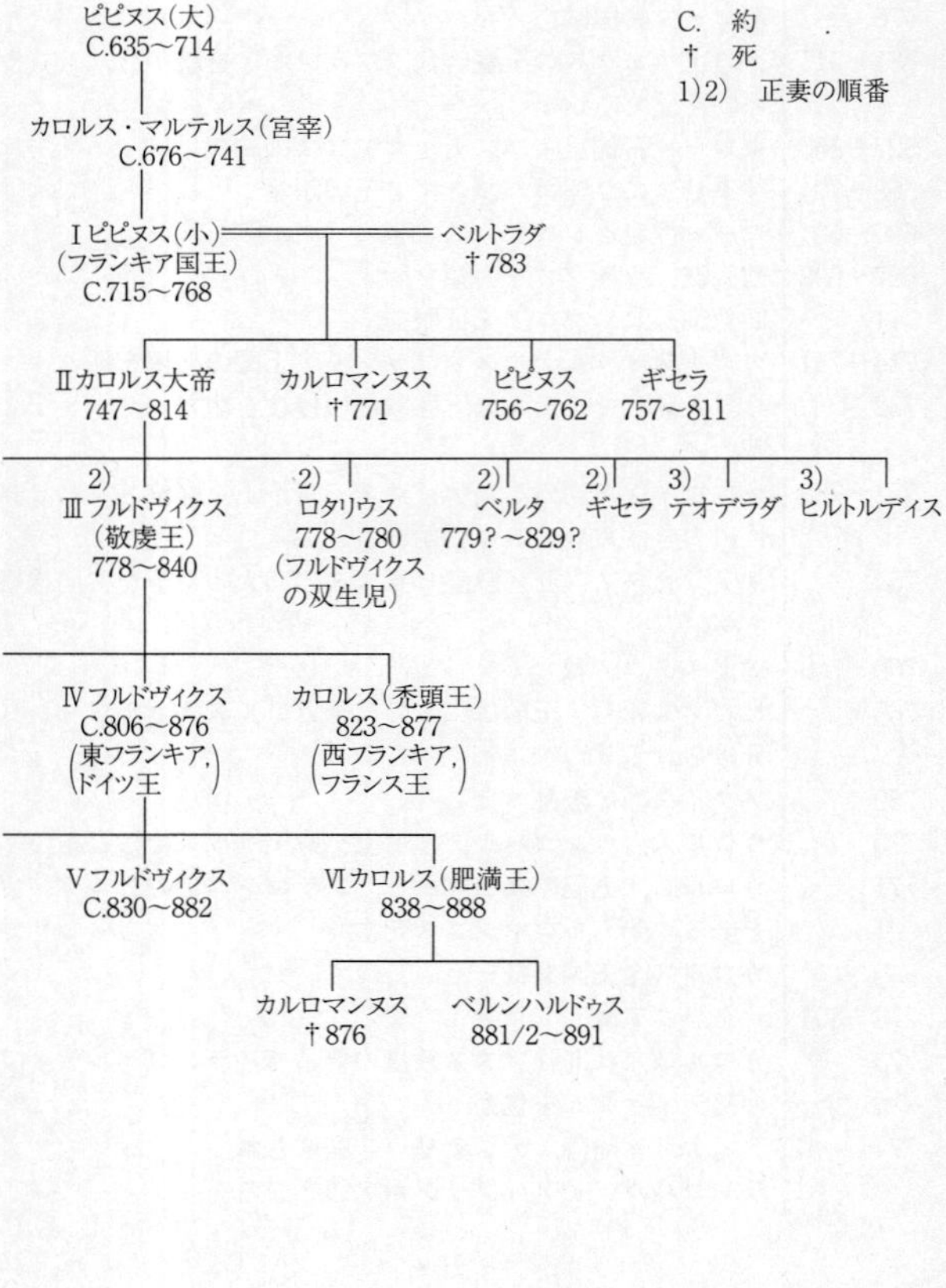

C. 約
† 死
1)2) 正妻の順番
ピピヌス(大)
C.635～714
カロルス・マルテルス(宮宰)
C.676～741
Ⅰピピヌス(小)
(フランキア国王)
C.715～768
ベルトラダ
†783
Ⅱカロルス大帝
747～814
カルロマンヌス
†771
ピピヌス
756～762
ギセラ
757～811
2)
Ⅲフルドヴィクス
(敬虔王)
778～840
2)
ロタリウス
778～780
(フルドヴィクスの双生児)
2)
ベルタ
779?～829?
2)
ギセラ
3)
テオデラダ
3)
ヒルトルディス
Ⅳフルドヴィクス
C.806～876
(東フランキア,ドイツ王)
カロルス(禿頭王)
823～877
(西フランキア,フランス王)
Ⅴフルドヴィクス
C.830～882
Ⅵカロルス(肥満王)
838～888
カルロマンヌス
†876
ベルンハルドゥス
881/2～891

カロリンギ朝系図

カルロスの妻　1)デシデリウスの娘　2)ヒルディガルダ 758〜783　3)ファストラダ †794　4)リュトガルダ †800

2) カロルス 772〜811

2) ピピヌス（イタリア王） 773〜810

2) アダルハイディス †774

2) フルオトルディス 775〜810

ベルンハルドゥス C.797〜818

アダルハイディス アトゥラ グンドラダ

ベルタイディス テオデラダ

ロタリウス 795〜855

ピピヌス 803〜838

カルロマンヌス C.829〜880

Ⅶ アルノルドゥス C.850〜899

Ⅷ フルドヴィクス 893〜911

ヴィルジ
アルビス川
ウィスルギア川
サクソニア
ウィアドルス川
ィオマグス
トゥリンギア
サラ川
ニア
レヌス川
アスグラニ
トリア
モエヌス
(3)
川
モセラ
マゴンティアクム
トレヴェリ
メッティス
ボエマニ
レガネスブルグ
バイオアリア
ダヌビウス川
アラマンニア
ユウァウム
レクス川
フニ
(2)
(1)
トゥリクム
ソンティオ
ンディア
ラエティア
ウマ(ジュネーブ)
フォルム・ユリイ
グラドゥス
ヒストリア
ダルマティア
メディオラヌム
ヴェネティア
ティケヌム
アウグスタ・プラエトリア
パドゥス川
ボビオ
アドリア海
ラウェンナ
ランゴバルディア
トゥスキア

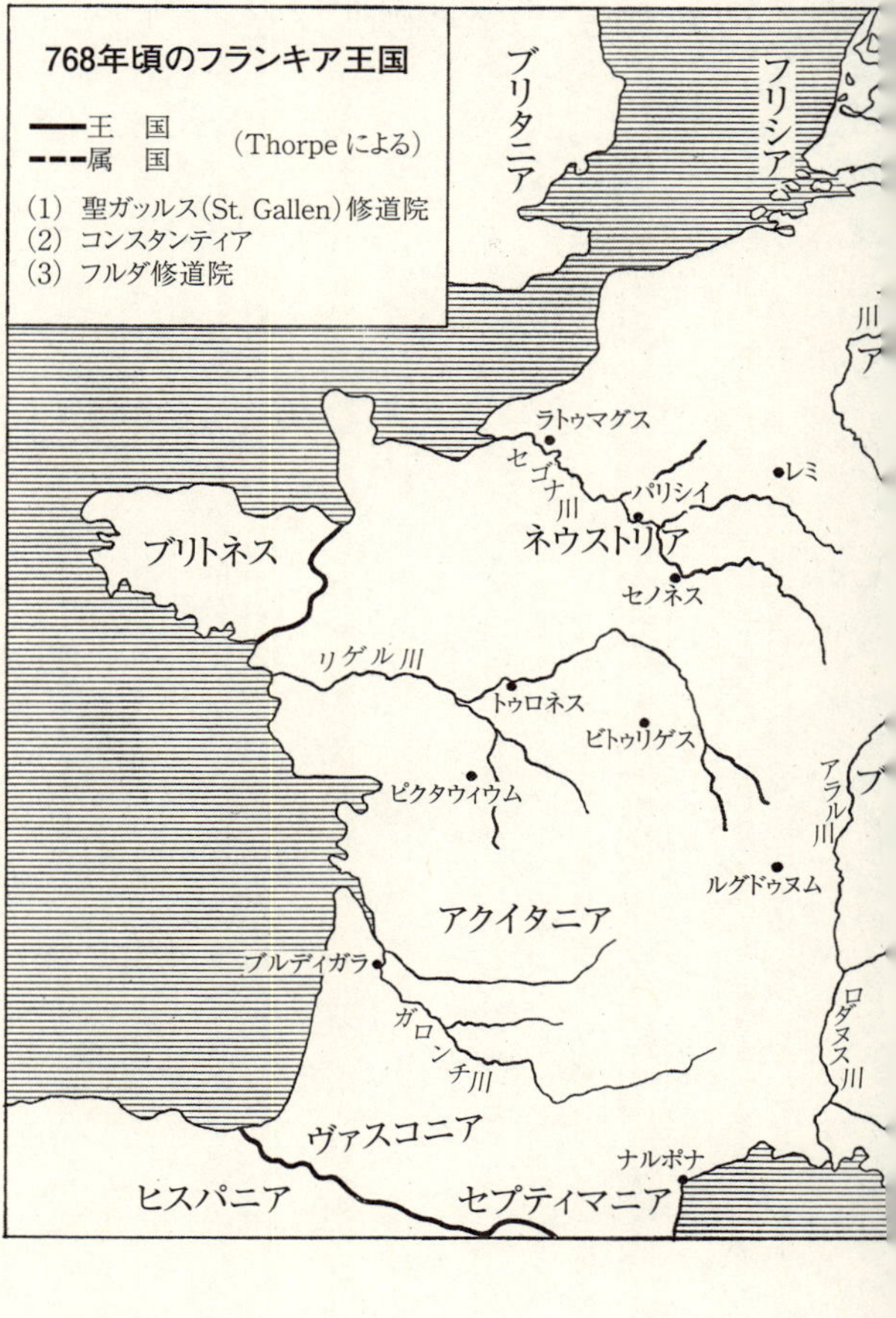
768年頃のフランキア王国
王　国
属　国
(Thorpe による)
(1) 聖ガッルス(St. Gallen)修道院
(2) コンスタンティア
(3) フルダ修道院
ブリタニア
フリシア
川
ア
ラトゥマグス
セゴナ川
レミ
パリシイ
ネウストリア
ブリトネス
セノネス
リゲル川
トゥロネス
ビトゥリゲス
ピクタウィウム
アラル川
ブ
ルグドゥヌム
アクイタニア
ブルディガラ
ガロンチ川
ロダヌス川
ヴァスコニア
ナルボナ
ヒスパニア
セプティマニア

ロダヌス川　Rodanus：ローヌ Rhône 川（フランス）　II. 9

メ(ッ)ティス　Mettis（都市）：メッツ Metz（ドイツ）　I. 10
モインゲウウィ　Moingeuui：マインガウ Maingau（マイン川流域地名）　E. App.
モゴンティアクム　→マゴンティアクム
モセラ川流域地方　Mosellanus pagus：モーゼルガウ Moselgau　II. 13

ヤ

ユウァウム　Juvavum（都市）：ザルツブルク Salzburg　E. 33

ラ

ラウェンナ　Ravenna（都市）：ラヴェンナ Ravenna（北イタリア）　E. 26, 33
ラトゥマグス　Ratumagus：ルーアン Rouen（フランス，セーヌ川下流の町）　E. 33
ランゴバルディ(ア)人(族)　Langobardi：ゲルマニア人の一派，四世紀北イタリアのロンバルディア Lombardia に侵入，ランゴバルディア王国を建てる　E. 3, 6, 18, II. 15, 17
リグリア〔地方〕　Liguria：北イタリアの地方名　II. 8
リゲリス川　Ligeris：ロワール Loire 川（フランス）　E. 15
リビュア人　Libici, Libyci：リビア Libya はアフリカのギリシア風の呼名　II. 9
リブルニア　Liburnia：現在のクロアティア Croatia の海岸地方　E. 13, 15
リノネス族　Linones：ゲルマニアのスラブ系人　E. 13
ルグドゥヌム　Lugdunum（都市）：リヨン Lyon（フランス）　E. 33
レガネスブルク　Reganesburg（都市）：レーゲンスブルク Regensburg（ドイツ）　II. 11
レギナ　Regina〔castra〕（都市）：レーゲンスブルク Regensburg（ドイツ）　II. 12
レクス川　Lechus：ドナウ川の支流，レック Lech 川　E. 11
レティア　Retia, Raetia：北イタリアの山岳地方　II. 1, 11
レヌス川　Rhenus：ライン Rhein 川（ドイツ）　E. 15, 17, 32, I. 18, II. 2, 9
レミ　Remi（都市）：ランス Reims（フランス）　E. 33

フリオラナ　Furiolana urbs　→フォルム・ユリイ
フリシア　Frisia：フリースランド諸島 Friesland, Frisian Islands（北海の島々）　E. 14, 17
ブリタ(ン)ニア（大）　Britannia major＝アングリア Anglia：イングランド England　E. 25, I. 1, II. 14
ブリタ(ン)ニア（小）　Britannia minor＝Armorica：ブルターニュ Bretagne（地方）　E. 9
ブリトネス族　Brittones：ブルトン族 Bretons（ブルターニュ Bretagne の住民）　E. 10
ブルガレス人　Bulgares：現在のブルガリア Bulgaria の住民　I. 27, II. 1
ブルグンディア（地方）　Burgundia：ブルゴーニュ Bourgogne（フランスの地方名）　II. 8
フルダ　Fulda：中世ドイツで，修道院の町として有名　E. App.
ブルディガラ　Burdigala（都市）：ボルドー Bordeaux（フランス）　E. 33
プルミア　Prumia（都市）：プリューム Prüm（ドイツ）　E. 20
フレソネス人　Fresones：フリーシア Frisia の住民　I. 34
ベネウェントム　Beneventum（地方）：中部イタリアの地方名　E. 10, 15
ベマニ人，ボエマニ人　Bemani, Bo(h)emani：ボヘミア Bohemia ボヘミア人（チェコの西部）　E. 13, 15, II. 12
ボエマニ族　→ベマニ人
ボ(ッ)ビウム　Bob(b)ium（都市）：ボッビオ Bobbio（イタリア）　I. 9

マ

マウリ族　Mauri：ムーア族 Moors（マウリタニアの住民）　E. 17, II. 12
マゴンティアクム，モゴンティアクス　Magontiacum, Mogontiacus（都市）：マインツ Mainz（ドイツ）　E. 17, 32, 33, I. 30
マルマリカ地方　Marmarica〔regio〕：マルマリカ（今日のリビアとエジプトの間の海岸地帯の沙漠台地）　II. 9
メディア人　Medi：メディア Media はほぼアルメニアとパルティアの間の小国　II. 8
メディオラニウム　Mediolanium, Mediolanum：ミラノ Milano（イタリア北部の都市）　E. 33

Bayern，（ドイツ）（古代ローマのNoricumとRhaetiaに相当する） E. 11, 13, 15, 20, I. 10
ハサ　Hasa：エムスEms川の支流，ヴェストファリアの川　E. 8
バタウィ族　Batavi：今のオランダの住民　E. 17
パドゥス川　Padus：ポーPo川（北イタリア）　II. 17
パピア　Papia（都市）：パヴィアPavia　→ティケヌム
パリシイ　Parisii（都市）：パリParis（フランス）　E. 3, I. 10
パルティア（地方・人）　Parthia：西アジアの古い国，現在のイランの北東部分　II. 8, 9
バレアレス〔バリアレス〕海　Balearicum mare：地中海の西方部分　E. 15
パンノニア　Pannonia（地方）：今日のハンガリーの西部地方　E. 13, 15, II. 1, 11
ヒエロソリュマ　Hierosolyma：エルサレム（イスラエル）　E. 16, 27
ピクタウィウム　Pictavium（都市）：ポワティエPoitiers（フランス）　E. 2
ヒストリア〔地方〕　Histria：アドリア海の東海岸の半島，昔は（北）イタリア，今はユーゴスラヴィアの地方　E. 15
ビトゥリゲス　Bituriges（都市）：ブールジュBourges（フランス）　E. 33
ヒベリア，イベリア　Hiberia，Iberia：ヒスパニアのギリシア風の呼名　II. 9
ヒベルス川　Hiberus：エブロEbro川（スペイン）　E. 15
ヒベルニア　Hibernia：アイルランド　I. 1
ピュリネイ，ピュレネ山脈　Pyrinei mons，Pyrene：ピレネー山脈（スペイン・フランス）　E. 9, 15
ビラ川　Birra：南フランスのオードAude川の支流　E. 2
ファレルヌス（酒）　Falernum vinum：カンパーニア地方の銘酒，ローマ時代から有名　I. 22
フォルム・ユリイ，フォルム・ユリエンセ　Forum Julii，Forum Iuliense（都市）：Cividale del Friuli（ヴェネティア地方）　E. 6, 13, II. 17
フニ族　Huni：アウァレスAvares人の別名　E. 11, 13, 20, I. 17, 27, 跋, II. 1, 12, 13
フランコノウルト　Franconovurt（都市）：フランクフルト・アム・マインFrankfurt am Main　II. 11

イタリアの町） E. 6, I. 1, II.17
テオトメ(ッ)リ　Theotmelli（Thiotmelli）：デットモルト Detmold（ドイツの町） E. 8
デルトサ　Dertosa（都市）：トルトサ Tortosa（ヒスパニアの町） E. 15
トゥスキア〔地方〕 Tuscia：エトルリア Etruria の別名 II. 8
ドゥラ　Dura 川：トゥル Thur 川（ライン川上流の一支流） II. 12
トゥリクム城砦　Turicum castrum：チューリッヒ Zürich（スイス） II, 1
トゥリンギ(ア)人　Thuringi, T(h)uringia：中部ドイツ，テューリンゲン Thüringen 地方の住民 E. 15, II. 11
ドゥルゴヴェ　Durgowe（地方）：トゥルガウ Thurgau（トゥール川流域地方） II. 12
トゥロネス　Turones, Turonica civitas（都市）：トゥール Tours（フランス） E. 33, I. 2, 10
トレウェレンシス，トレウェリ　Treverense oppidum, Treveri（都市）：トリール Trier（ドイツ） E. 33, I. 10

ナ

ナヴァリ族　Navarii：ピレネー山脈の西方，ナヴァール Navarre 地方の住人 E. 15
ナルボナ，ナルボ　Narbona：Narbonne ナルボンヌ（フランスの町） E. 2
ナルボネンシス地方（属領） Narbonensis provincia：南フランスの地方名，ガリア・ナルボネンシスとも言う E. 17, II. 14
ヌミディア　Numidia：北アフリカの地方名，今日のアルジェリア Algeria II. 9
ノウィオマグス　Noviomagus（都市）：ニーメーゲン Nijmegen（オランダ） E. 17
ノリクス　Noricus：バイエルン Bayern 地方（ドイツ） II. 1, 11, 12
ノルドマンニ人（族） Nordmanni：ノルマン人，北方人（Nordisch），古代のデンマークやスエーデンの人 E. 12, 14, 17, II. 12～14, 17～19

ハ

バイオアリイ（人，バイオアリア（人）） Baioarii, Baioaria：バイエルン

ン川上流の地区名） I. 22
シ(ュ)リア　Siria, Syria：地中海東岸一帯の地域　E. 27
スウァビ族　Suabi：シュヴァーベン Schwaben, ゲルマニア人の一部族, アラマンニ人とも呼ばれる　E. 18
スエオネス人　Sueones：バルト海沿岸住民, スウェーデン Schweden　E. 12
スクラウィ（人・族）　Sclavi（別名ヴィルジ族）：スラブ人 Slaves バルト海沿岸, エルベ川とザール川の東部の住民　E. 12, I. 27, 跋, II. 12
スコティ人　Scoti：スコティア Scotia やヒベルニア Hibernia, つまり, スコットランドやアイルランドの住民　E. 16, I. 1
セノネス　Senones（都市）：サンス Sens（フランスの町）　E. 33
セプティマニア　Septimania（地方）：南フランスの地方名, ローヌ川からピレネー山脈へかけての地方　E. 17
ソラクテ山　Soracte：ローマの北の山　E. 2
ソラビ人　Sorabi：ゲルマニアにおけるスラブ系移民, ソラベス Sorabes 人　E. 15

タ

ダキア　Dacia：ダニューブ（ドナウ）川の左岸の属州　E. 15
ダニ人　Dani：ノルドマンニ人, バルト海の沿岸住民, デンマーク Denmark 人　E. 12, 14, 32
ダヌビウス川　Danubius：ドナウ（ダニューブ）Donau 川　E. 15
ダランタシア　Darantasia（都市）：ムーティエ・ザン・タランテーズ Moutiers-en-Tarantaise（フランス, サヴォア Savoie 地方の町）　E. 33
タルサティカ　Tharsatica〔civitas〕（都市）：リエカ Rijeka, クロアティア海岸の町　E. 13
ダルマティア　Dalmatia：クロアティアの海岸地方　E. 15
チュロス　Tyros：紫紅色染料の産地として有名なフェニキアの海岸の町　II. 9, 17
ティキヌス川　Ticinus：パドゥス川の上流の一支流, ティキヌムの町の傍を流れる現在のティキノ（Ticino）川　II. 17
ティケヌム, ティキヌム　Ticenum, Ticinum（都市）：パヴィア Pavia（北

カ

カシヌム，カシノ　Casinum：カッシノ Cassino，モンテ・カッシノ Monte Cassino の麓の町　E. 2
カプア　Capua（都市）：イタリア，カンパニア地方の町　E. 10
カラブリア　Calabria（地方）：イタリアの長靴の先にあたる地方　E. 15
ガリア・ナルボネンシス（地方）　Gallia Narbonensis：現在の南仏の海岸町ナルボンヌ（古名ナルボ）の周辺地帯　II. 14
ガルガラ　Galgala：ギルガル Gilgal 古代パレスティナの地名（cf. Jos. 10. 7）　II. 6
ガ(ッ)レキア，ガレシア　Gallecia：ヒスパニアの北西部ガリシア Galicia 地方　E. 16
ガロンナ川　Garonna：フランスのガロンヌ Garonne 川　E. 5
グラドゥス（村）　Gradus：グラド Grado，アドリア海北端のトリエステ湾の小島（の村）　E. 33
ケントゥムケ(ッ)ラエ　Centumcellae：ローマに近い町，チヴィタ・ヴェッキア Cività Vecchia　E. 17
コルンバリア　Columbaria，Colomaria（都市）：コルマール Colmar（ライン川上流のフランスの町）　II. 4
コロニア　Colonia（都市）：ケルン Köln（ドイツ）　E. 33
コンスタンティア　Constantia（都市）：コンスタンツ・アム・ボーデンゼー Konstanz am Bodensee（スイス国境のドイツの湖）　II. 1
ゴーティ人　Gothi：東ゲルマニア人の一派，四世紀末東ローマ帝国内に侵入，後スペインに王国をたてる　II. 1

サ

サクソニア　Saxonia：サクソネス Saxones 人の住む地方，ザクセン Sachsen　E. 7〜9, 13〜15, 18, 25, 32, I. 跋, II. 2, 5, 11, 12
サマリア　Samaria　古代パレスティナ中部の丘陵地　II. 6
サムニウム（地方）　Samnium：カンパニアの北の地方　E. 2
サラ川　Sala：ザクセン地方のエルベ Elbe 川の支流ザーレ Saale 河　E. 15
シグルタリウス（酒）　Sigultarium（vinum）：Siegolsheimer（Wein）（ライ

アルメニア（人） Armenia：小アジアの一地方（黒海の東南部）の住民 II. 8
アレラス Arelas（地方）：アルル（＝Arles）地方（フランス） E. 33
アングリ人 Angli イングランド人 I. 2
インギレンハイム Ingilenheim（都市）：インゲルハイム Ingelheim（ドイツ・マインツに近い町） E. 17
ヴァスコニア地方 Wasconia：ガスコーニュ Gascogne 地方（フランス） E. 5, 15
ヴァスコネス人（族） Wascones：ガスコーニュ人 Gascons 又はバスク族 Basques E. 5, 9
ウァハリス川 Vahalis：ライン川の河口付近の支流ヴァール Waal 川 E. 17
ヴァンダリ(ー)（人・族） Wandali, Vandali：東ゲルマニア人の一派，五世紀にガリア，アフリカに移住した II. 1
ウィエンナ Vienna：ヴィエンヌ Vienne（南フランスの町） II. 1
ウィスラ川 Visula, Vistula：ポーランドの川，ヴィスラ Wisla（ドイツ名ヴァイクセル Weichsel） E. 15
ヴィニデス族 Winides：スラブ人の一派，ヴィルジ Wilzi とも呼ばれる II. 12
ヴィルジ人 Wilzi →ヴェラタビ人，ヴィニデス人
ウェソンティオ Vesontio（都市）：ブザンソン Besançon（フランス） E. 33
ウェネティア Venetia（都市）：ヴェネティア Venezia（イタリアの町） II. 17
ヴェラタビ（人・族） Welatabi：ヴィルジ Wilzi とも呼ばれるスラブ人 E. 12, 15, II. 12
エトルリア Etruria：イタリアのローマの北部地方 E. 17
エブロドゥヌム Ebrodunum：エムブルン Embrun，フランス南東の Hautes-Alpes 地方 E. 33
エラミタエ人 Elamit(a)e：アラビア人 II. 8
オスネギ Osneggi：ドイツの Teutoburger Wald（トイトブルグの森）の山並 E. 8

地名・民族名の中世ラテン語——現代語表記対照表

1. ローマ・アフリカなど有名なものは省略。
2. 右岸，左岸は源流から見た場合の表示。

ア

アイスティ人　Aisti：エストニア Estonia の住民　E. 12

アウァリ人〔アウァレス人〕 Avari, Avares：アヴァール人（族），フニ族とも呼ばれている　E. 13, II. 12

アウグスタ・プラエトリア　Augusta Praetoria（都市）：アオスタ Aosta（イタリア）　E. 15

アエドゥイ人　Aedui, (H)aedui, Edui：Augustodunum（＝Autan）の周辺の住民，つまりブルゴーニュ Burgundia 地方の住民　I. 10

アエミリア〔エミリア〕 Emilia（地方）：北イタリアのボローニヤ周辺の地方名　II. 8

アクアスグラニ〔アクイスグラニ〕 Aquasgrani, Aquisgrani（都市）：アーヘン　Achen（ドイツ）　E. 14, 17, 22, 26, 30～32, I. 15, 27, 30, 31, II. 8, 12, 15, 21

アクイタニア（地方・人）　Aquitania：アキテーヌ Aquitaine（地方・人）　E.2, 3, 5, 6, 15, 30, I. 10, II. 1

アストゥリカ　Asturica（地方）：アストリアス Austurias（スペインの北西部）地方　E. 16

ア(ッ)シ(ュ)リア　Assiria, Assyria：西アジアのチグリス川上流の，昔栄えた王国　II. 6

アボドリティ（人・族）Abodriti：エルベ川下流の右岸に住むスラブ人　E. 12, 14

アラサティア地方　Alasatiensis, Alisatia：アルザス地方　I. 22

アラマンニ（人・族）Alammani：ゲルマニア人の一部族，レック Rech 川（ドナウの支流）でバイエルン人と分けられる　E. 11, 15, 18, I. 10

アラル川　Arar：ソーヌ Saône 川（フランス）　II. 9

アルビス川　Albis：エルベ Elbe 川（ドイツ）　E. 7

6, 9
ヨハンネス　Johannes（アルルの司教）　E. 33

ラ

ライドラドゥス　Laidradus（リヨンの司教）　E. 33
リヴィヌス　Rihwinus（パドゥア〔?〕伯）　E. 33
リウトガルダ　Liutgarda（カロルス帝の妻）　E. 18
リコルフス　Richolfus（マインツの司教）　E. 33
リュトフリドゥス　Liutfridus（カロルス帝の帝室管理長）　I. 31
ルオティルディス　Ruothildis（カロルス帝と妾マデルガルダの娘）　E. 18（注17）
ルドヴィクス　→フルドヴィクス
ルプス　Lupus（ヴァスコニア大公）　E. 5
ルモルドゥス　Rumoldus（ベネウェント大公アラギススの子）　E. 10
レオ　Leo（Ⅲ）（ローマ教皇〔795～816〕）　E. 23, 28, I. 10, 26
レオ　Leo（Ⅴ）（東ローマ〔ビザンツ〕帝国王　813～820）　E. 16
レギナ　Regina（カロルス帝の妾）　E. 18
レコ　Recho（シュトラスブルク司教　783～815）　I. 20

ベルトラダ　Berhtrada（小ピピヌス〔短軀王〕の妻，カロルス帝の母）　E. 18
ベルンハルドゥス　Bernhardus（カロルス帝の孫，イタリア王ピピヌスの息子）　E. 19
ベルンハルドゥス　Bernhardus　カロルス三世の庶子（891/892没）ベルンハルドゥス（II. 12）ともベンノリヌス（II. 14）とも呼ばれている。
ベロ　Bero（バルセローナ伯）　E. 33
ベンノリヌス　→ベルンハルドゥス
ボニファキウス（ボニファティウス）　Bonifacius（ドイツの使徒，フルダの修道院学校創立者　675〜754）　E. App.
ポリペムス（ポリュペーモス）　Poliphemus（シキリア島の片目の巨人族キュクロプスの一人）（ギリシア神話）　I. 31
ホロフェルネス　Holofernes（アッシリアの将軍。イスラエルの町を攻撃したとき，ユダヤの婦人ユディットの知謀で殺された）（cf. Judith. 15. 1）　II. 13

マ

マデルガルダ　Madelgarda（カロルス帝の妾）　E. 18（注17）
マルティヌス　Martinus（トゥールの司教，聖人（316〜397）伝承によると彼は一軍人の頃，自分の外套を切って半分を乞食に与えた由）　I. 4, 5, II. 11, 17
マルテルス・カロルス　→カロルス・マルテルス
ミカヘルス，ミカヘル　Michahel(us) I（東ローマ〔ビザンティウム〕帝国王　在位811〜813）　E. 16, I. 26
メギンハルドゥス　Meginhardus（伯）　E. 33
モイゼ（モーセ）　Moyses（預言者，旧約聖書中最大の宗教的政治的人物）　I. 33

ヤ

ユリアヌス　Julianus（Apostata）（背教者ユリアヌス，ローマ皇帝　在位361〜3）　II. 1
ヨスア（ヨスエ）　Josua（Josue）（モイゼ死後のイスラエルの指導者）　II.

ヒルトルディス　Hiltrudis（カロルス帝とファストラダの娘） E. 18
ファストラダ　Fastrada（カロルス帝の妻） E. 18, 20
フグス　Hugus（カロルス帝と妾レギナの私生児） E. 18
フノルドゥス　Hunoldus（アクイタニア大公） E. 5
フリドゥギスス　Fridugisus（トゥールのサン・マルタン修道院長） E. 33
フルオドガウスス　Hruodgausus（フォルム・ユリイ大公） E. 6
フルオドハイディス　Hruodhaidis（カロルス帝の庶子） E. 18
フルオドランドゥス　Hruodlandus（ブルターニュ辺境伯，有名な叙事詩 *Chanson de Roland* の主人公のラテン名） E. 9
フルオトルディス　Hruodtrudis（カロルス帝とヒルディガルダの娘） E. 18, 19
ブルカルドゥス　Burchardus（伯） E. 33
フルドヴィクス　Hludowicus（Ludowicus）（敬虔王ルードヴィヒ　在位813～840） E. 18, 30, 33, App, II. 9, 10, 16, 18, ～22
フルドヴィクス　Hludowicus（Ludowicus）（敬虔王の息子，ドイツ王　在位840～876　著名王〔Illustris〕とも呼ばれる） II. 9, 10, 11, 14, 16, 17
フルドヴィクルス　Hludowiculus（誕生を期待されるカロルス三世の子への仮名） II. 11, 14
プルトン（プルートーン） Pluton（ギリシアの地界の神） I. 31
フロ（ッ）コルフス　Hroccolfus（伯） E. 33
ブロミウス　Bromius（酒神バッカスの異名） I. 23
ヘイト　Heito（バーゼルの司教　806～823） E. 33, II. 6
ベーダ　Beda（「英国史の父」と呼ばれる歴史家，聖書学者　c. 673～735） I. 2, II. 16
ペトルス，ペテロ　Petrus（キリストの十二使徒の一人，初代の教皇） I. 26, II. 15
ペトルス　Petrus（Pisanus）（ピサの助祭） E. 25
ベリアル　Belial（悪魔サタンと同一視される悪人）（cf. II Cor. 6. 15） I. 24
ベルノイヌス　Bernoinus（ブザンソンの司教） E. 33
ベルタ　Bertha（カロルス帝の娘） E. 18
ベルタイディス　Berhtaidis（カロルス帝の孫，イタリア王ピピヌスの娘） E. 19

ナ

ニキフォルス　Niciforus（Ⅰ）（東ローマ〔ビザンツ〕帝国王　在位802～811）　E. 16

ハ

ハイストゥルフス　Haistulfus（ロンバルディア王）　E. 6

バウゴルフス　Baugolfus（フルダの修道院長　779～802）　E. App.

パウルス，パウロ　Paulus（異邦人の使徒）　I. 33, II. 19

ハ(ッ)ト　Hatto（伯）　E. 33

ハデフォンスス　Hadefonsus（スペイン北西部の Galicia と Asturias の王）　E. 16

ハドリアヌス　Hadrianus（Ⅰ）（ローマ教皇　772～795）　E. 6, 19, 23

ハルトムトゥス　Hartmutus（聖ガルス修道院長〔872～883〕，隠修士となって895年以後に没す）　II. 10

ヒエロニムス　Hieronimus, Hieronymus（ラテン教父，聖書学者，ラテン語への聖書の翻訳者）（c. 342～420）

ピピヌス（大）　Pippinus（major）（カロルス・マルテルスの父〔大ピピン〕宮宰）（c. 635～714）　E. 2, 15, II. 16

ピピヌス（小）　Pippinus（junior）（小ピピン，短軀王とも呼ばれる。カロリング朝初代の王〔在位751～768〕，カロルス帝の父）　E. 2, 3, 5, 6, 15, 18, II. 14, 15, 16, 17

ピピヌス　Pippinus（カロルス大帝とヒルディガルダの子）　E. 6, 13, 18, 19, II. 12

ピピヌス　Pippinus（Gipperosus）（傴僂のピピン，カロルス帝と妾ヒミルトルディスの庶子）　E. 20, II. 12

ヒルディガルダ　Hildigarda, Hildigardis（カロルス帝の妻，783没）　E. 18, 30, I. 4, 17, II. 8

ヒルディゲルヌス　Hildigernus（伯）　E. 33

ヒルディバルドゥス　Hildibaldus（ケルンの司教）　E. 33

ヒルデリクス，ヒルドリクス　Hild(e)ricus（Ⅲ）（メロウィンギ朝最後のフランキア王　743～751）　E, 1, 2, I. 10

コンスタンティヌス　Constantinus（Ⅵ）（東ローマ〔ビザンツ〕帝国の王　在位780～797）　E. 19

サ

サロモン　Salemon，Salomon（ダヴィドの子ソロモン，イスラエル第三代の王　c. 960～922 B. C.）　I. 27, II. 19
ストラコルフス　Stracholfus（ガラス職人）　II. 22
ステファヌス　Stephanus（Ⅱ）（ローマ教皇　在位752～757）　E. 1, 6, I. 10
ストラボ　→ヴァラフリドゥス
セト　Seth（アダムの第三子セツ）（cf. Gen. 4. 25 f）　II. 12

タ

ダヴィド　David（イスラエル第二代の王ダビデ，詩篇作者）　II. 6, 12, 15, 19
タシロ　Tassilo（バイエルン大公）　E. 11
ダリウス（ダレイオス）　Darius（ペルシアの大王）　II. 17
タンコ　Tanco（聖ガルス修道院の修道士）　I. 29
ディス（ディース）　Dis（ローマの地界の神）　I. 23, 31
ティトヌス（ティトノス）　Titonus（トロイアの王ラオメドンの息子，曙の女神アウロラに愛された）　II. 8
テオデラダ　Theoderada（カロルス帝の孫娘，イタリア王ピピヌスの娘）　E. 19
テオデリクス　Theodericus（カロルス帝と妾アダリンディスの子）　E. 18
テオド　Theodo（バイエルン大公タシロの子）　E. 11
テオドゥルフス　Theodulfus（オルレアン司教）　E. 33
デシデリウス　Desiderius（ランゴバルディア王　在位756～774）　E. 3, 6, 11, 18, II. 17
デシデリウス　Desiderius（ヴィーン司教　596～611　殉教者）　II. 1
トロウゴ（ドロゴ）　Trougo，Drogo（メッツの司教　823～855　カロルス帝と妾レギナの子）　E. 18, I. 10

カロルス（大）（Karolus Magnus　カロルス大帝 Charlemagne）　E. 2 ほか頻出。
カロルス（小）　Karolus Junior（カロルス大帝とヒルディガルダの息子）　E. 13, 18, 19
カロルス（三世）（肥満王）　Karolus（Ⅲ）Karl der Dicke，在位876〜887）　I. 18, II. 10, 14, 16, 17
カロルス・マルテルス　Karolus Martellus（宮宰〔c. 676〜741〕フランキア王第一代ピピヌスの父）　E. 2
キケロ　Cicero（有名なローマの政治家，雄弁家）　E. 序文
ギスラ　Gisla（カロルス帝の姉妹，Chelles 女修道院長）　E. 18
ギスラ　Gisla（カロルス帝とヒルディガルダの娘）　E. 18
グリマルドゥス　Grimaldus（聖ガルス修道院長　841〜872）　I. 9
グリモルドゥス　Grimoldus（ベネウェントゥム大公アラギススの子）　E. 10
グレゴリウス　Gregorius（Ｉ）（教皇権の政治的地位を確立した，古代から中世への転換期の偉れた教皇　在位590〜604）　I. 2
クレメンス　Clemens（Scottus）（アイルランドの人，アーヘンの帝室学校の教師）　I. 1, 3
グンドラダ　Gundrada（カロルス帝の孫娘，イタリア王ピピヌスの娘）　E. 19
ゲルスウィンダ　Gersvinda（カロルス帝の妾，アダルトルディスの母）　E. 18
ケロルドゥス，ゲロルドゥス　Keroldus，Geroldus（バイエルン伯　799没オダルリクスとヒルディガルダの兄弟）　E. 13, I. 跋, II. 2
ゲロルドゥス　Geroldus（伯）　E. 13
ゴドフリドゥス（ゴデフリドゥス）　Godofridus（Godefridus）（ダニ族〔デンマーク人〕の王）　E. 14, 32, II. 13
ゴリアト　Goliath（フィリステ人の巨人，少年ダヴィドに殺された）（cf. I Sam. 17）　II. 15
コルンバヌス　Columbanus（アイルランドに生れ，ガリアに渡り宣教の後，ボビオ（Bobbio）に将来学問の中心地となる修道院を建てる（c. 530〜615）　I. 9, II, 1

エド　Edo（伯）　E. 33
エナキム人　Enachim（カナーン，エドムなどの地方に住んでいた土着の巨人族アナク人）（cf. Deut. 2. 10）　II. 12
エリクス　Ericus（フォルム・ユリイ大公）　E. 13
エルカンガリウス　Ercangarius（伯）　E. 33
エレアザル　Eleazar（モイゼの兄アーロンの子，イスラエルの祭司）（Num. 27. 22）　I. 33
エンギルベルトゥス　Engilbertus（サン・リキエ Saint-Riquier の修道院長）　E. 33
オダルリクス　Odalricus（Linz-und Argengau 伯〔802～809〕ヒルディガルダの兄弟）　I. 33
オトゥルフス　Otulfus（伯）　E. 33
オトケルス　Otkerus（かつてカロルス帝に仕えていて逃げた勇士・貴族）　II. 17
オトマルス　Othmarus（聖ガルス〔ザンクト・ガレン〕修道院長　759没）　II. 8

カ

カイン　Cain（アダムとイブの長男，弟アベルを殺す．兄弟殺しの代名詞）（Gen. 4）　II. 12
カエサル（ユリウス）　Caesar, Julius（ローマの有名な将軍シーザー）　II. 17
ガルス　Gallus（アイルランド人，有名な聖ガルス〔ザンクト・ガレン〕修道院の創立者 c. 550～645）　II. 1, 12
カルロマンヌス　Karlomannus（カロルス・マルテルスの息子，宮宰　741～747）　E. 2, 3, 18
カルロマンヌス　Karlomannus（短軀王ピピヌスの息子，カロルス大帝の弟）　E. 3, 5, 18
カルロマンヌス　Karl(l)omannus（ドイツ王フルドヴィクスの子，肥満王カロルスの兄）　II. 14
カロラステル　Karolaster（カロルス三世に望まれる未来の子供の名）　II. 11, 14

年死ぬ） II. 14
アルビヌス　Albinus（アルクイヌスの異名）
アルン　Arn（ザルツブルクの司教） E. 33
アレクサンドロス（アレクサンデル） Alexander（アレクサンドロス大王） II. 15
ア(ー)ロン　Aaron（バグダドの太守《カリフ》 Haroun-al-Rachid） E. 16, II. 8, 9
アンスヘルムス　Anshelmus（宮中伯） E. 9
アンスヘルムス　Anshelmus（ミラノの司教 814～822）（II. 20で言及されている人らしい）
アントニウス　Antonius（エジプトの沙漠で苦行した隠修士 251?～356） I. 31
アンブロシウス　Ambrosius 聖人（c. 333～397），（彼の説教集は有名，アウグスティヌス回心の動機となった由） II. 10
イエセ　Jesse（アミアンの司教） E. 33
イサイ　Isai（ダヴィドの父エサイ Jesse）（cf. I Reg. 12. 16） II. 12
イサムバルド　Isambardo（Thurgau の伯〔806〕） II. 8
イザヤ（イサイアス） Isaias（旧約の最大の預言者） II. 18
イルミノ　Irmino（サン・ゼルマン・デプレの修道院長） E. 33
ヴァイファリウス　Waifarius（アクイタニア大公） E. 3, 5
ヴァラ　Walah（伯） E. 33
ヴァラフリドゥス・ストラボ　Walahfridus Strabo（キリスト教詩人で学者，ライヘナウ修道院長〔808/809～849〕，フルドヴィクス敬虔王の息子カロルスの師傅もつとめた） E. App.
ヴァリヌス　Warinus（トゥールガウ伯〔八世紀中頃〕イサムバルドの父） II. 8
ヴァルトガウドゥス　Waltgaudus（リエージュの司教） E. 33
ヴェリンベルトゥス　Werinbertus（聖ガルス〔ザンクト・ガレン〕修道院の修道士，ノトケルスの師） I. 跋
ヴォルファリウス　Wolfarius（ランスの司教） E. 33
ウンルオクス　Unruocus（伯） E. 33
エイスヘレ　Eishere（トゥールガウ出身の豪傑） II. 12
エギハルドゥス　Eggihardus（宮廷料理長） E. 9

人名索引

1. E. はアインハルトの「伝記」を示す。
2. I. IIはノトカーの「伝記」の巻数を示す。
3. App. はアインハルトの「伝記」の附録を示す。

ア

アウグスティヌス　Augustinus（最も偉大な聖人，教父　354～430）　E. 24, I. 9, II. 19

アダリンディス　Adallindis（カロルス大帝の妾，テオデリクスの母）　E. 18

アダルギスス　Adalgisus（ランゴバルディア王デシデリウスの息子）　E. 6

アダルトルディス　Adalthrudis（カロルス大帝と妾ゲルスウィンダの子）　E. 18

アダルハイディス　Adalhaidis（カロルス大帝の孫，イタリア王ピピヌスの娘）E. 19

アダルベルトゥス　Adalbertus（ノトケルスの養育者，聖ガルス修道院の僧）　I. 跋, II. 1

アダルングス　Adalungus（ロルシュ〔Lorsch〕の修道院長）　E. 33

アト　Ato　II. 21（注35参照）

アトゥラ　Atula（カロルス大帝の孫娘，イタリア王ピピヌスの娘）　E. 19

アヒトフェル　Achitofel（知慧を高く評価されていたダヴィドの相談相手）（アヒトベル，cf. II Sam. 16. 23）　II. 20

アブラハム　Abraham（イスラエル人の太祖）（Gen. 11～25）　I.16, II. 9

アラギスス　Aragisus（ベネウェントゥム大公）　E. 10

アルクイヌス，アルコイヌス　Alcuinus，Alcoinus（c.735～804）（イギリスのヨークに生れ，カロルス帝に切望されて宮廷に仕え〔782年〕，アーヘンに宮廷学校を開き，カロリング・ルネサンスの基礎をつくる）　E. 25, I. 2, 9

アルノルドゥス（アルノルフス）　Arnoldus，Arnolfus（カルロマンヌスの庶子，c. 850生れ，叔父カロルス肥満王の後を継ぎ，887年王となり，899

本書は一九八八年に筑摩書房より刊行された。

謎解き『ハムレット』　河合祥一郎

優柔不断で脆弱な哲学青年――近年定着したこのハムレット像を気鋭の英文学者が根底から覆し、闇に包まれた謎の数々に新たな光のもと迫った名著。

日本とアジア　竹内好

西欧化だけが日本の近代化の道だったのか。魯迅を敬愛する思想家が、日本の近代化、中国観・アジア観を鋭く問い直した評論集。（加藤祐三）

ホームズと推理小説の時代　中尾真理

ホームズとともに誕生した推理小説。その歴史を黎明期から黄金期まで跡付け、隆盛の背景とその展開を豊富な基礎知識を交えながら展望する。

文学と悪　ジョルジュ・バタイユ　山本功訳

文学にとって至高のものとは、悪の極限を掘りあてることではないのか。サド、プルースト、カフカなど八人の作家を巡る論考。（吉本隆明）

来るべき書物　モーリス・ブランショ　粟津則雄訳

プルースト、アルトー、マラルメ、クローデル、ボルヘス、ブロッホらを対象に、20世紀フランスを代表する批評家が、その作品の精神に迫る。

プルースト 読書の喜び　保苅瑞穂

『失われた時を求めて』がかくも人を魅了するのはなぜなのか。この作品が与えてくれる愉悦を著者鍾愛の場面を通して伝える珠玉のエセー。（野崎歓）

中国詩史　吉川幸次郎　高橋和巳編

中国文学において常に主流・精髄と位置付けられてきた「詩文」。先秦から唐宋を経て近代まで、平明な文章で時代順にその流れが分かる。（川合康三）

宋詩選　小川環樹編訳

唐詩より数多いと言われる宋詩から、偉大なる詩人達の名作を厳選訳出して解釈する。親しみやすい漢詩論としても読める、選者解説も収録。（佐藤保）

ペルシャの神話　岡田恵美子

天地創造神話から、『王書』に登場する霊鳥スィームルグや英雄ロスタムの伝説までをやさしく語る。ペルシャ文学の第一人者による入門書。（沓掛良彦）

アレクサンドロス大王物語　伝カリステネス　橋本隆夫訳

アレクサンドロスの生涯は、史実を超えた伝説として西欧からイスラムに至るまでの世界に大きな影響を与えた。伝承の中核をなす書物。（澤田典子）

西洋古典学入門　久保正彰

古代ギリシア・ローマの作品を原本に近い形で復原すること。それが西洋古典学の使命である。ホメーロスなど、諸作品を紹介しつつ学問の営みを解説。

貞観政要　呉兢編　守屋洋訳

大唐帝国の礎を築いた太宗が名臣たちと交わした政治問答集。編纂されて以来、帝王学の古典として屹立する。本書では、七十篇を精選・訳出。

初学者のための中国古典文献入門　坂出祥伸

文学、哲学、歴史等「中国学」を学ぶ時、必須となる古典の基礎知識。文献の体裁、版本の知識、図書分類他を丁寧に解説する。反切とは？　偽書とは？

詳講　漢詩入門　佐藤保

二千数百年の中国文学史の中でも高い地位を占める古典詩。その要点を、形式・テーマ・技巧等により系統だてて、初歩から分かりやすく詳しく学ぶ。

シュメール神話集成　杉勇　尾崎亨訳

「洪水伝説」「イナンナの冥界下り」など世界最古の神話・文学十六篇を収録。ほかでは読むことのできない貴重な原典資料。豊富な訳注・解説付き。

エジプト神話集成　杉勇　屋形禎亮訳

不死・永生を希求した古代エジプト人の遺した、ピラミッド壁面の銘文ほか、神への讃歌、予言、人生訓など重要文書約三十篇を収録。

宋名臣言行録　朱熹編　梅原郁編訳

北宋時代、総勢九十六名に及ぶ名臣たちの言動を大儒・朱熹が編纂。唐代の『貞観政要』と並ぶ帝王学の書であり、処世の範例集として今も示唆に富む。

資治通鑑　司馬光　田中謙二編訳

全二九四巻にもおよぶ膨大な歴史書『資治通鑑』のなかから、侯景の乱、安禄山の乱など名シーンを精選。破滅と欲望の交錯するドラマを流麗な訳文で。

ちくま学芸文庫

カロルス大帝伝《たいていでん》

二〇二四年十二月十日　第一刷発行

著　者　エインハルドゥス
ノトケルス
訳　者　國原吉之助（くにはら・きちのすけ）
発行者　増田健史
発行所　株式会社　筑摩書房
東京都台東区蔵前二―五―三　〒一一一―八七五五
電話番号　〇三―五六八七―二六〇一（代表）
装幀者　安野光雅
印刷所　星野精版印刷株式会社
製本所　株式会社積信堂

ISBN978-4-480-51264-2 C0122